Escorpio

Francesca Garro
con la colaboración de Chiara Bertrand

Escorpio

dve
PUBLISHING

El editor agradece a Rudy Stauder, director de Astra, su valiosa colaboración.

© Editorial De Vecchi, S. A. 2018
© [2018] Confidential Concepts International Ltd., Ireland
Subsidiary company of Confidential Concepts Inc, USA
ISBN: 978-1-68325-834-6

Índice

Introducción

El autor siempre cuenta un poco sobre sí mismo en los libros que escribe, aunque la obra no sea autobiográfica. Igual que sucede en las relaciones interpersonales y en las relaciones amorosas, el mecanismo psíquico de la proyección hace que las imágenes ideales interiores se adhieran a los personajes creados y explicados. Proyectando fantasías secretas, aspiraciones y ansias, los fantasmas se conjuran y se vuelven inofensivos. Durante el camino se produce la catarsis; nos podemos encontrar, al final, con un equipaje aligerado de nuestros aspectos negativos y, a veces, un poco más consciente.

Todo esto podría sucederme durante la redacción de este libro aunque yo no sea, en este caso, la autora de una novela.

Elegí escribir sobre este signo porque al Agua del Escorpio pertenecen mis sobresalientes características temperamentales.

Inevitablemente, aunque me base en la tradición astrológica que tan bien conozco, acabaré por extrapolar, a partir de la tipología clásica, unos personajes Escorpio un poco particulares y más míos. Por esta razón podrán sentirlos más cercanos a ustedes, porque estarán incluidos, con el bagaje temperamental más típico, en los distintos contextos, familiar, laboral y de relación en general.

Algunas páginas nos pertenecerán más, otras menos puesto que, es importante decirlo, no se es nunca únicamente Escorpio o Capricornio u otro. Sólo un tema natal completo está compuesto de muchos elementos que se integran para hablarnos de nosotros; sin embargo, creo que la lectura de este libro podrá ser una válida oportunidad para empezar a conocerse. Tendrá también la posibilidad de establecer las posiciones del ascendente, de la Luna y de Júpiter y Saturno con las relativas interpretaciones combinadas con el signo solar, precisamente el Escorpio.

Demostrar, a quien todavía no lo sabe, que la astrología es un medio válido de análisis psicológico, pero no sólo eso, es uno de los objetivos que quiero alcanzar (otro podría ser el de poder entretenerles con claridad y sin aburrirles...).

Cuando acabe de consultar el libro, me gustaría que quedara vivo en usted el deseo de saber más sobre astrología. Interpretar símbolos antiguos, siempre actuales dentro de nosotros, podría proporcionarle la forma de conocer mejor sus potenciales y ponerlo en contacto con su realidad más subjetiva, permitiéndole relacionarla con la realidad cotidiana con equilibrio y lucidez. Iniciaría un viaje *mágico* que dura toda la vida y que no tiene una meta precisa, pero que ofrece muchas posibilidades.

Si cree, como yo creo, que el principal objetivo de la existencia consiste en la educación de nuestra naturaleza y en evolucionar desarrollándonos en armonía con la parte mejor de ella, podría utilizar los conocimientos astrológicos para alcanzar una mayor claridad interior, con las ventajas inmediatas que esto comporta: gestionarse mejor uno mismo y conseguir ponerse con más facilidad en situación de empatía en relación con el prójimo.

Los Escorpio no son insensibles a estos argumentos. No se detienen en las apariencias, no crea todo lo que le dicen; para ustedes descifrar el saber... e ir más allá es tan natural como respirar, es sentirse vivos. El Agua de su signo es fértil, misteriosa y mágica.

A ustedes está dedicado este libro, con una profunda participación del espíritu.

FRANCESCA GARRO

Primera parte

... DEDICADO A TODOS LOS ESCORPIO

por *Francesca Garro*

Mitología y simbolismo

«Mito»
Cuando en la
última playa no
encuentre mar
sólo me quedará
esperar estar
preparada para el
mágico vuelo.
f.g.

El Escorpio es el octavo signo del zodiaco; al estar estrechamente uni-
do el significado de los distintos signos, es necesario volver a Aries,
al principio.

La energía se manifiesta y es Fuego en estado puro. Es primavera
y todo es alabanza hacia la fuerza que procrea, hacia la vida. En Tauro tenemos la expansión de la materia, el calor del Sol de mayo es el
ideal porque acoge y tranquiliza, la Tierra es maternal y protectora.

En el elemento Aire de Géminis la energía se eleva, se diferencia
y crea los opuestos. En el Agua de Cáncer se expresa el concepto sim-
bólico de gestación y parto, de útero que recoge en sí para luego dar
a luz.

Leo es el quinto elemento: en la plenitud del verano simboliza la
afirmación de la Consciencia, del Yo, energía de Fuego que organiza
y dirige y que en Virgo, que sigue, asume función selectiva, se desnu-
da de fuerza primaria natural y busca salidas intelectuales.

El otoño empieza en Libra y el equinoccio equipara las energías
nocturnas y diurnas; se trata del signo del equilibrio que nos deja y
anuncia al Escorpio. Del 23-24 de octubre al 22 de noviembre aproximadamente el Sol entra en el signo y empiezan, en perfecta analogía, una serie de acontecimientos materiales y psíquicos que nos
devuelven a los conceptos básicos de involución, disolución, transformación y renacimiento. Las formas materiales buscan resguardarse,
la manifestación ya no es de esta época, sólo las tinieblas y la oscuridad congenian. Y el escorpión, animal antiguo, de aspecto inmuta-
ble, ¿no vive en los recovecos, escondido? Cuando la opción es mantenerse oculto se produce la debilitación del afirmativo, del Yo, la
consciencia individual se expande para abrazar al inconsciente y lucha
para no verse sometida. Si se produce la transformación, el premio es

13

el renacimiento a un nivel más elevado de la consciencia. Se trata del Escorpio que se transforma en águila; la oruga que madura en la oscuridad del capullo para adquirir otro aspecto y otra potencia: del inherente arrastrarse a la ligereza del vuelo.

El simbolismo está claro: se trata de la trascendencia del propio ser, esclavo de los instintos para alcanzar, a través de la sublimación, la satisfacción de las pulsiones.

Otras representaciones antiguas del signo son el Ave Fénix, el pájaro sagrado de los egipcios. Cuentan que era similar a una gran águila con plumas variopintas, originaria de Etiopía donde vivía durante quinientos años o, según algunos, incluso durante más tiempo. Cuando sentía que llegaba al final de su existencia, este fabuloso pájaro se construía un nido de plantas aromáticas, se estiraba encima como si estuviera en una hoguera y moría quemado. De las cenizas renacía y volaba hacia Egipto, a Heliópolis, en el templo del Sol donde le consagraban. Luego volvía a Etiopía para vivir una nueva y larga vida. Se cuenta que se alimentaba de perlas de incienso de las que es famoso su poder purificador y el uso que de ellas hizo la Iglesia antigua, en la liturgia funeraria, en señal de respeto hacia los difuntos. Aparece de nuevo el tema del renacimiento después de la disolución material en el octavo signo astrológico. De la misma forma que queda clara la atribución de la muerte transformadora (la XIII carta del Tarot está vinculada a Escorpio) también queda clara la analogía con las pulsiones creativas más fuertes puesto que el Agua es vida y Escorpio es un signo de Agua, pero no del Agua de los mares en perenne movimiento, asociada a Piscis, ni del Agua manantial del Cáncer; la tradición nos envía al Agua estancada, pútrida y más que nunca fértil y vital bajo la aparente inmovilidad.

Incluso el líquido seminal está asociado a Escorpio: la vida en estado potencial, la potencia de generar.

Después de descubrir el planeta Plutón el 23 de enero de 1930, quedó clara su atribución al signo puesto que la referencia mitológica no deja lugar a dudas. A Hades (el invisible) le tocó el gobierno del Averno, el reino de los muertos, cuando se decidió la división del Universo con Zeus y Poseidón. Hades-Plutón, sintiéndose sólo en el reino de los muertos, raptó a Perséfone y la convirtió en su compañera. Deméter, madre de Perséfone-Kore, la buscó desesperadamente durante nueve días y nueve noches, recorriendo la tierra y el mar, hasta que Helio le indicó quien era el secuestrador. Enloquecida por el dolor de la pérdida de su adorada Kore, Deméter abdicó de sus funciones de fertilidad y fecundidad; la Tierra se volvió de esta manera estéril y el ciclo estacional se trastornó. Se llegó a un pacto y Perséfone pasó la mitad del año, de la primavera al otoño, al lado de su madre en el mundo de los vivos, y la otra mitad con su esposo en el reino de las tinieblas. Esta es la dialéctica universal; de esta forma están representados el simbolismo estacional, la alternancia del día y de la noche, de la vida y de la muerte.

Pluto (el rico) de los griegos nos acerca al concepto de riqueza-fertilidad del Agua-Escorpio; también su unión con Kore-Perséfone, protectora con su madre Deméter de la siembra y de la recolección, nos lleva hasta los significados de abundancia y fecundidad.

También en el mito de Orión están presentes claras analogías con la temática de los instintos violentos de Escorpio. Dos episodios son pertinentes: uno narra que Orión, embriagado por el vino, poseyó a Merope, hija de Enopione. El padre de la joven lo dejó ciego como castigo; recuperó la vista en Lemno, gracias a Cedalione que lo guió hacia el Sol (luz interior). Orión, buscando a Enopione para vengarse (ningún Escorpio renuncia a la venganza) llegó hasta la isla de Creta, donde encontró a Artemis, diosa de la caza. También esta vez sucumbió a sus instintos e intentó profanar a la diosa: de la hendidura de la Madre Tierra apareció un Escorpio que, con su dardo venenoso, atacó a muerte al bello cazador Orión.

La constelación en el cielo le recuerda a él y al animal que lo mató. Orión-Escorpio se autodestruye, su propia parte más instintiva...

El glifo del Escorpio da bien la idea del dardo venenoso del animal: ♏; el último palo, de hecho, está doblado hacia el exterior preparado para atacar. Desde siempre se ha temido a este animal: su aspecto es espeluznante, ataca de improviso y muy a menudo su veneno puede ser mortal.

También la serpiente está asociada al signo puesto que se deshace de su piel para adquirir una nueva. Del águila ya hemos hablado, y es clara la analogía con el tipo de Escorpio que se ha adelantado, que ha trascendido su naturaleza instintiva. El Ave Fénix renace de sus cenizas, así como el individuo renace de sí mismo después de haber tocado el fondo de su ser. Los símbolos y los mitos de los que hemos hablado nos han conducido a indagar los temas relacionados con el Escorpio; también nos han indicado los recorridos a través de los cuales la tipología del Escorpio debe atravesar para alcanzar significados de vida más elevados.

¿ESTÁ SEGURO DE PERTENECER AL SIGNO ESCORPIO?

Si ha nacido el 23 o el 24 de octubre puede verificarlo en la siguiente tabla que muestra el momento de la entrada del Sol en el signo de Escorpio del 1900 al 2005. Los datos se refieren a las horas 0 de Greenwich. Para los nacidos en España, es necesario añadir una o dos horas al horario indicado (véase tabla de la página 55).

día	hora	min	día	hora	min	día	hora	min
24.10.1903	14	23	24.10.1939	7	46	24.10.1975	1	7
23.10.1904	20	19	23.10.1940	13	40	23.10.1976	6	59
24.10.1905	2	8	23.10.1941	19	28	23.10.1977	12	41
24.10.1906	7	55	24.10.1942	1	16	23.10.1978	18	38
24.10.1907	13	52	24.10.1943	7	9	24.10.1979	0	29
23.10.1908	19	37	23.10.1944	12	56	23.10.1980	6	18
24.10.1909	1	23	23.10.1945	18	44	23.10.1981	12	14
24.10.1910	7	11	24.10.1946	0	35	23.10.1982	17	59
24.10.1911	12	58	24.10.1947	6	26	23.10.1983	23	55
23.10.1912	18	50	23.10.1948	12	18	23.10.1984	5	47
24.10.1913	0	35	23.10.1949	18	3	23.10.1985	11	23
24.10.1914	6	18	23.10.1950	23	45	23.10.1986	17	15
24.10.1915	12	10	24.10.1951	5	37	23.10.1987	23	2
23.10.1916	17	58	23.10.1952	11	23	23.10.1988	4	45
23.10.1917	23	44	23.10.1953	17	7	23.10.1989	10	36
24.10.1918	5	33	23.10.1954	22	57	23.10.1990	16	15
24.10.1919	11	22	24.10.1955	4	44	23.10.1991	22	6
23.10.1920	17	13	23.10.1956	10	35	23.10.1992	3	58
23.10.1921	23	3	23.10.1957	16	25	23.10.1993	9	38
24.10.1922	4	53	23.10.1958	22	12	23.10.1994	15	37
24.10.1923	10	51	24.10.1959	4	12	23.10.1995	21	33
24.10.1924	15	59	23.10.1960	10	2	23.10.1996	3	20
23.10.1925	22	32	23.10.1961	15	48	23.10.1997	9	16
24.10.1926	4	19	23.10.1962	21	41	23.10.1998	15	0
24.10.1927	10	7	24.10.1963	3	29	23.10.1999	20	53
23.10.1928	15	55	23.10.1964	9	21	23.10.2000	2	49
23.10.1929	21	42	23.10.1965	15	11	23.10.2001	8	27
24.10.1930	3	26	23.10.1966	20	51	23.10.2002	14	18
24.10.1931	9	16	24.10.1967	2	44	23.10.2003	20	10
23.10.1932	15	4	23.10.1968	8	30	23.10.2004	1	50
23.10.1933	20	49	23.10.1969	14	12	23.10.2005	7	43
24.10.1934	2	37	23.10.1970	20	5	23.10.2006	13	28
24.10.1935	8	30	24.10.1971	1	54	23.10.2007	20	16
23.10.1936	14	18	23.10.1972	7	42	23.10.2008	3	10
23.10.1937	20	7	23.10.1973	13	31			
24.10.1938	1	54	23.10.1974	19	11			

CARNET DE IDENTIDAD DE ESCORPIO	
Elemento:	Agua
Calidad del signo:	fijo, femenino
Planetas dominantes:	Marte y Plutón
Longitud en el zodiaco:	de 210° a 240°
Casa zodiacal:	Octava
Periodo estacional:	otoño avanzado
Estrellas fijas:	Acrux, Alphecca, Balanza Austral, Balanza Boreal, Unukaihai, Agena, Bungala
Colores:	rojo (Marte), negro (Plutón)
Piedras:	rubí, topacio
Esencias, perfumes:	brezo, áloe
Carta del Tarot:	el Diablo
Alfabeto hebraico:	raíz lingüística MEM - NUN
Estados, regiones y ciudades:	Argelia, Baltimore, Cataluña, Israel, Marruecos, Messina, Milwaukee, Mónaco, Newcastle, Nueva Orleans, Noruega, Queensland septentrional, Valencia, Washington
Analogías:	el misterio, la muerte, la regeneración, las cosas escondidas, los dramas, las pasiones, las venganzas, los celos, la curiosidad, la energía, la introspección, el análisis, la medicina, la cirugía, la anatomía, las investigaciones profundas, el psiquismo, la magia

Psicología y características del signo

«No hay más que saborear lo amargo de la injusticia para refinar el paladar con el gusto de la venganza.»

f. g.

La personalidad

La personalidad es el conjunto de las cualidades temperamentales y caracterológicas. En astrología, a través del examen del tema natal, se nos revela la tendencia del temperamento que luego resulta ser la más repleta de afectos, la componente biológica sometida a herencia. El carácter es el resultante entre estas disposiciones innatas y el efecto que sobre ellas ejerce el entorno.

Creo que se puede asociar al Sol en el signo zodiacal de pertenencia el concepto de Yo y la relativa función intermediaria de gestionar las pulsiones instintivas del Inconsciente y adaptarlas a las censuras del ambiente social Súper-Yo. Ser Escorpio significa tener pulsiones interiores muy fuertes y un instinto sexual y agresivo considerable que presiona para encontrar sus objetivos. Igualmente fuerte tiene que ser el Yo y también eficaces sus mecanismos de defensa. Por ello, en su conjunto, la personalidad del Escorpio es compleja, rica y atormentada, especialmente si también los demás planetas en el tema individual están en Escorpio. Siempre en equilibrio entre impulsos de vida e impulsos de muerte que luchan por la supremacía: Eros y Thanatos son compañeros inseparables, elementos estimulantes de mucha creatividad y agitadores de cualquier posible paz encontrada. A través de la exteriorización de su potencial erótico se realiza, se pone en contacto con la parte más profunda, su verdadero ser. Buscando el placer y el dolor amoroso, Escorpio intenta revelarse a sí mismo. Acepta cada desafío y el miedo es un estímulo, una invitación a ponerse a prueba.

No se expone a la luz del sol, como el animal que lo representa prefiere moverse en la oscuridad-silencio, organizarse y atacar de improviso, o mantenerse alejado y esperar momentos de segura victoria. Es difícil llevarlo a cielo abierto, a luchar en territorios que no son agradables para él. Imagíneselo luchando con otro Escorpio: se trata de la lucha más sutil y feroz porque cada uno quiere dictar las reglas del juego. Maestros en astucia, estos tipos sintonizan las antenas y captan los puntos débiles de las posibles víctimas.

La carga agresiva es considerable y cuesta mucho trabajo gestionarla para que les beneficie. Si el tipo Aries, también gobernado por Marte, irrumpe instintivamente con vehemencia y sin programas, el nativo de Escorpio, en cambio, reprime y alimenta una carga que, cuando explota, tiene que encontrar la satisfacción adecuada.

El que es agresivo en el fondo se defiende. Se trata de una ley válida incluso para ellos. Cuanto mayor es su vulnerabilidad interior, más propensos son a atacar al prójimo. El tipo Escorpio equilibrado es una persona estupenda que se ha realizado en parte a sí mismo y que no teme al prójimo. No lo parece, pero es muy fácil herirle, con una frase, con un detalle olvidado: nada se escapa y todo deja una señal.

La sensibilidad es una fuerza y una debilidad. Los hace partícipes de una realidad a la cual no les parece pertenecer hasta el fondo. Les gustaría estar sólo sujetos a sí mismos... y en cambio no es posible porque la cuenta de la vida está siempre abierta.

Exasperados individualistas y desenfrenados experimentadores, no sacan provecho de las experiencias de los demás. No se niegan nunca la posibilidad de vivir a fondo sus penas y alegrías. Los nervios de acero los ayudan a pasar las duras pruebas de la vida y cada vez están a punto para volver a empezar. Tienen momentos negativos en los que nada ni nadie puede ayudar a levantar a los Escorpio; es necesario quemarse (¿recuerdan al Ave Fénix?), tocar el fondo para poder volver a subir y volver a formar parte del mundo.

Son extraños, fascinantes, peligrosos y... frágiles. Su fragilidad se encuentra en el hecho de ser humanos, en el tener necesidad de amor y de espacios inmensos de afecto. Ponen duramente a prueba a todos los que se atrevan a amarles. Pequeñas provocaciones, grandes, un poco sádicas... valoran hasta dónde se puede llegar y empujan más allá porque quien los ama tiene que superarse a sí mismo e inmolarse por amor. Entonces saben ceder, dan espacio al masoquismo y de nuevo sorprenden porque son capaces de un transformismo diabólico. Les gusta ser distintos del resto del mundo. La mirada lo dice todo: «Yo no soy como tú» o «No soy como piensas». Esta es la primera señal clara. Y luego los silencios, las pausas administradas con sabiduría. Su *lado* imprevisible, que les hace ser fuertes y desvía a los más desfavorecidos de encontrar una posibilidad de acceso a su ánimo, quiere por amor o por amistad. El misterio es fascinante. No desvelarse del todo es un poder que cautiva y ellos son muy hábiles en eso. Odian la superficialidad y rechazan los formalismos. Por la curiosidad, por el amor a la verdad están dispuestos a pagar grandes cifras en términos de compromiso personal. Mercurio está exaltado en el signo: el intelecto es brillante, está preparado, es analítico e intuitivo. No se olvidan de ningún detalle y ni siquiera de los pensamientos más abstractos.

Si consiguieran ganar, no ceder a esa maldita tentación de destruir, la existencia sería mucho más fácil.

Destruir por el gusto de hacerlo. A pesar de sí mismos y del trabajo que les ha costado todo: un amor, una amistad, una carrera... Fuerte tentación. ¿Paradójico? ¿Inexplicable? Las hipótesis podrían ser muchas. Pero la primera que les viene en mente es que el alcanzar una meta los puede asustar. La meta... el fin... la muerte. Llegar a la conquista es un poco como morir. Y la muerte está dentro de ellos, con el miedo al lado. Ponerse en juego es volver a vivir. Algo, alguien siempre deseable, más allá, fuera.

El niño

Criar a niños nativos de Escorpio es una experiencia muy laboriosa, que compromete al máximo, y que podría hacer descubrir a los educadores dotes de insospechada paciencia y dedicación.

Es importante que los padres desarrollen su papel con naturalidad, pero sin ignorar las informaciones de psicología y psicoanálisis infantil que pueden ayudarles en la tarea educativa. Por lo tanto, el amor es un alimento importante; pero no lo es todo, especialmente para los pequeños Escorpio que tienen una naturaleza compleja, huraños y voluntariosos como muy pocos.

Tienen un sentido de la realidad muy desarrollado y, en consecuencia, son jueces despiadados que no desdeñan las críticas y las consiguientes rebeliones. La incoherencia primero los desconcierta, luego los desmotiva para creer en los padres. Intuir las debilidades ajenas es una de sus capacidades y aprovecharse sin pudor de ella es una consecuencia lícita. Tienen la necesidad esencial de crecer amando a sus padres que tienen que saberse imponer con lógica y firmeza e intentando siempre estimular las disposiciones educativas.

Su mirada es un revelador innegable de vitalidades intelectivas; sus ojos, que nunca están quietos, intentan ir más allá de la apariencia, revelando inquietudes a veces impensables para su edad. Saben hacerse respetar, imponiéndose con espontaneidad sobre sus coetáneos y, si es necesario luchar, no se echan para atrás. Normalmente no

20

tienen un gran número de amigos, prefieren tener al amigo o a la amiga del alma, desarrollando respecto a ellos grandes celos. Tienen que educarse hacia la socialización: el sistema más sencillo y válido es el de abrir su casa a sus amigos y los suyos para dar oportunidades a los encuentros. No debe privarle de la convivencia con perros, gatos, pajarillos o hámsters, puesto que la relación afectiva entre animales y niños es muy estimulante y está repleta de enseñanzas básicas para la evolución.

La mujer

Si generalizamos, las características que encontramos con más frecuencia en este tipo de mujer son: un cierto aire de misterio, carácter introvertido, indudable encanto innato y tendencia a la negatividad.

A ella le gusta el misterio y se deleita en administrarlo incluso en la banalidad de la vida cotidiana. No explica a nadie sus elecciones, no le gusta hablar de sí misma por el gusto de exponerse, no renuncia nunca al análisis y a la búsqueda de motivos. No la oirá decir nunca «por casualidad», sino que busca siempre explicaciones lúcidas y racionales o, si es necesario, más allá de la razón. Fundamentalmente, la falta de superficialidad es uno de sus puntos a favor. Hay personas que creen que se trata de una mujer demasiado complicada, siempre en busca de algo que podría no estar, y por lo tanto poco concreta, a pesar del agudo sentido de la realidad que la acompaña. Ser mujer Escorpio quiere decir también esto: ir más allá de lo cotidiano y lo cierto para vivir emociones más intensas. Si se siente frustrada por la mediocridad, existe la posibilidad de que se invente escenarios ideales de vida.

La inquietud es su compañera de infancia, de escuela, y perturbadora incluso después, tanto si trabaja en casa como si preside una reunión de trabajo; no le permite detenerse mucho para disfrutar de las metas alcanzadas y ella no lo desea, porque quien se detiene se pierde.

Vive intensamente todo lo que roza su piel; con el paso del tiempo se estructura mejor y se defiende. Teme todo lo que la compromete visceralmente, pero no renunciaría nunca a ello, y también ser madre es una experiencia estupenda, capaz de provocar impresionantes sensaciones, ocasiones únicas de descubrirse a sí misma aspectos emocionales no imaginados. Si consiguiera no sentirse tan negativa en algunos momentos... sería seguramente una persona más feliz; pero es muy difícil luchar contra uno mismo: a veces es conveniente bajar a los abismos si eso significa salir reforzado de la experiencia.

El hombre

Algunos temas constantes de la personalidad del exponente masculino del signo son: búsqueda de lo inusitado, espíritu rebelde y propenso a contradecir siempre a alguien, naturaleza solitaria, y una libido que tiende a manifestarse con predominio en la esfera sexual-erótica. Corresponde frecuentemente con el tipo descrito por Barbault a propósito de la analogía existente entre signo y fase anal y el relativo sentido psicoanalítico. El autor francés lo describe magistralmente como *tipo anal relajado* con características, entre otras, de negligencia, fantasía creadora, anarquía, predominio de los instintos. El hombre Escorpio es seguramente un poco de todo esto. Es difícil que conceda la llave de acceso a su intimidad; es necesario que sean individuos un poco especiales, instintivamente correspondientes de alguna manera con su ser interior. No se fía de las apariencias ni de las personas que son demasiado distintas que él; se siente poseedor de una gran intuición y una agudeza poco común y sólo mantiene relaciones equilibradas; no tiene ni tiempo ni paciencia para quien no sabe hablar de forma estimulante e inteligente.

Todo despierta su curiosidad y nunca está satisfecho con lo que consigue conocer; cuando tiene que rendirse lo hace con rabia, le gustaría poder vivir tres vidas en una sola y de esta forma saciar, por lo menos en parte, la avidez de conocer, descubrir y experimentar.

La rabia es mucha porque también son muchas las experiencias imposibles... Me acuerdo de Alberto, un querido Escorpio puro: ha escrito una novela (¡estupenda!) sobre la búsqueda de los símbolos masculinos y femeninos, elucubrando sobre las sensaciones que se pueden sentir en el ser femenino fuente de vida. El hombre Escorpio pertenece al Agua, negativa, femenina. El empuje agresivo-erótico-sexual es el medio de que dispone el Escorpio-macho para reunirse con lo femenino y llegar a su posesión.

La amistad

Quien tiene un amigo, tiene un tesoro. Quien tiene un amigo Escorpio tiene un tesoro, sí, pero es difícil de mantener. Es como si se tratara de espléndidas joyas imposibles de revender.

En definitiva, los amigos Escorpio no son fáciles; cuantos más años pasan, más se acentúan las dificultades. Ante todo, sólo le considerará un amigo válido si usted se le parece y si, a propósito de las cosas importantes, piensa lo mismo que ellos. No se adaptarán nunca a seguirles en empresas odiosas para ellos *sólo* por amistad. Olvídese de la película que tanto le gusta a usted si a él no le gusta. No le impedirá que vaya, pero él no se interesará para nada en ella.

¿Y entonces qué clase de amigos son? No hay duda, dan lo mejor si les demuestra que realmente lo necesita. Su apoyo moral y psicológico es muy eficaz. Le conocen a fondo, más de lo que se imagina, y es posible que se quede desconcertado al oírles mencionar sus defectos y sus virtudes escondidas. Con el tiempo, el amigo-Escorpio ha catalogado sus puntos débiles y sus potenciales positivos; le estimulará para que profundice en sus mejores cualidades para recuperarle. Si lo que necesita es una ayuda económica no se echará atrás: pero para él usted tiene que ser importante. Los Escorpio odian sentirse explotados: es mejor sentirse malos que *inocentes*, a quienes se toma el pelo.

Tanto a los hombres como a las mujeres de este signo no les gusta tener muchos amigos; mejor pocos pero realmente buenos.

No se trata de personas que echen en cara un favor, pero no lo olvidan nunca; si se les presenta la ocasión, quieren que se haga lo mismo por ellos, nada más y, sobre todo, nada menos. Si la relación de amistad acaba mal, puede esperarse algún acto de venganza, seguramente sutil y eficaz.

Evolución

Me vienen a la cabeza las palabras de un maestro gnóstico: «Es necesario morir uno mismo para encontrar el camino» y pienso en el egoísmo del Escorpio, en la lucha que estos seres tienen que mantener contra ellos mismos para evolucionar. No es fácil recorrer el camino, superar los obstáculos que cubren el propio proceso de individualización.

Saber renunciar al sutil placer de la venganza sería positivo... pero qué difícil es este trabajo para un verdadero Escorpio. En astrología kármica, el Escorpio es uno de los signos más relacionados con el pasado, más sujetos a las leyes del Karma. Este término filosófico-religioso indio, señala que el resultado de nuestras acciones determina un renacimiento diverso en la escala de los seres. Es sinónimo de destino puesto que representa las consecuencias inevitables de lo que hemos hecho en las vidas anteriores.

Los nativos de Escorpio se sienten, incluso sin ser a veces conscientes de ello, en vilo entre tendencias opuestas que están relacionadas con el mundo real y con un mundo invisible. Por esta razón son racionales, críticos y brillantes y, al mismo tiempo, fuertemente intuitivos y dotados de potentes capacidades extrasensoriales. Si escogen realizarse, se vuelcan con cuerpo y alma y se convierten en potentes maestros de sí mismos.

La dicotomía se pone de manifiesto incluso en la naturaleza de los dos planetas que gobierna Escorpio: Marte y Plutón. Los instintos presionan para obtener una satisfacción inmediata, todo tiene el objetivo de obtener placer; la afirmación de sí es prepotente y la energía agresiva eficaz. Por contra, tenemos a Plutón, dios de las metamorfosis, patrón absoluto de la fuerza regeneradora. Precisa tributos de muerte simbólica, la renuncia a los defectos kármicos; de él se obtiene la fuerza y la energía para proseguir el camino evolutivo.

Interpretando en clave psicoanalítica el signo, se ponen de manifiesto otras pruebas que pertenecen a la temática del Escorpio y que tienen que superarse. Primera entre todas la tendencia a destruir. Una especie de automatismo de repetición que los lleva reproducir el proceso eliminativo-excretor de la fase anal durante toda la vida, transfiriendo la energía negativa del periodo sobre objetos y afectos que vendrán luego.

A menudo tiene lugar el proceso de sublimación de los instintos que permite un desahogo lícito de las pulsiones sádico-destructivas; normalmente, esto sucede sin que los sujetos tengan conciencia de la desviación o mejor de la subida de las pulsiones. Con prácticas de análisis introspectivo es posible ser consciente de lo que sucede y sentirse un poco más ricos, más integrados por nuestras partes instintivas ensalzadas.

La esfera erótico-sexual, que tanta energía absorbe y dirige en los típicos Escorpio, es un óptimo terreno de transmutación. La energía de Kundalini es energía sexual que el Tantra Yoga enseña a preservar, gestionar, encauzar y ensalzar. Este es uno de los posibles pasajes evolutivos más queridos por el Escorpio: la Magia Sexual.

El Escorpio que no tenga como objetivo la consecución de elevadas metas evolutivas (¡no se le otorga en esta vida!) tiene que pasar cuentas de todos modos por el ímpetu de sus pasiones si quiere gestionar mejor su existencia. Ser esclavo de ellas significa ir de cabeza hacia una serie de errores que lo llevarán a utilizar de la peor forma posible sus potenciales, hasta la autodestrucción o la negación del respeto ajeno.

En el fondo, los Escorpio son seres privilegiados puesto que disponen de la capacidad de sublimar sus muchos defectos psicológicos transformándolos en pepitas de oro sobre el camino de la evolución personal.

La casa

Una casa expresa siempre la personalidad de quien vive en ella, en las pequeñas y en las grandes cosas: desde la elección arquitectónica, si se construye su propia casa, al tipo de complementos y decoración de los interiores. Es bastante fácil reconocer la casa de un Escorpio típico; en primer lugar, si se trata de una casa propia, habrá otorgado una importancia primaria a los materiales: poco llamativa, pero de gran calidad; bastante sobria en el exterior, en conjunto no parece demasiado una gran casa y está proyectada para que tenga distintos espacios.

En el interior se utiliza mucho la madera, no clara, mejor el nogal, la caoba y la teca de color rojo oscuro. La combinación de los colores es inquietante, así como la elección de tapetes o cortinas no deja dudas sobre la originalidad de la persona que los ha escogido. Desafíe a cualquiera que tenga elementos Escorpio en el propio tema natal a que no utilice el color negro; la combinación de este color con otros opuestos es una fuente de gran satisfacción para estos tipos a quienes les gusta todo lo que es poco usual y que se adapta bien a sus gustos. Las paredes azul violeta y rosa pálido que se combinan con los montantes del mismo tono no dejan de suscitar comentarios («Muy bonitos, ¿cómo se te ocurrió?» o «Pero qué ideas...») por parte de los que entran en mi casa la primera vez. Y la enorme librería, toda negra, repleta de libros, destaca en la pared. ¿La elección de cuadros, grabados, fotografías, marcos? Si los Escorpio no se sienten inhibidos en sus gustos, algo por otro lado improbable, hacen lo que yo misma hice: escoger todo lo que me gusta para los contenidos, por lo que representa para mí, sin prestar atención a si en el salón ese grabado podría suscitar sobresaltos emotivos para los visitantes...

Es fundamental para todos los nativos de este signo el disponer de un espacio completamente personal: un escritorio, con la librería cerca y una lámpara o una pálida y cálida luz. Mejor todavía si se dispone de una vieja mecedora de madera, desde la cual poder escuchar el exuberante violín de Paganini.

Las aficiones y los viajes

Casi todo lo que los Escorpio empiezan por afición acaba convirtiéndose en un compromiso más serio. ¿Les gusta restaurar muebles antiguos? Ante eso buscarán espacios adecuados (el sótano, la buhardilla, un viejo laboratorio) y, provistos de todo lo que necesitan, no quieren que nadie les moleste.

Se sienten atraídos por todo lo que se puede coleccionar: viejos clavos, sellos, mariposas, monedas, objetos de anticuario y, por qué no, plantas suculentas difíciles de encontrar. No son volubles, todo lo que sabe captar su interés no lo abandonarán fácilmente. La búsqueda es en sí estimulante y su característica tenacidad se combina con el espíritu del coleccionista.

Una de sus grandes pasiones-aficiones está representada por la lectura. Los géneros son variados, pero en la librería de los Escorpio encontramos a menudo libros clásicos del terror y suspense (E. A. Poe no puede faltar), novelas policíacas de autores conocidos y, según el nivel de interés madurado, el *manual para conocerse mejor* o textos especializados de psicología y psicoanálisis. No falta tampoco algún libro de esoterismo y astrología.

En materia de viajes, los Escorpio no son nada fáciles. Para ellos un viaje tiene que ser una experiencia que los enriquezca interiormente, los modifique y los estimule.

Regalos, colores y perfumes

Es necesario escoger con cuidado un regalo para un Escorpio o podemos arriesgarnos, como se suele decir, a quedar un poco mal. Despiadadamente críticos, no aceptan cualquier cosa con benevolencia, sino que hay un motivo preciso, no es maldad o mala educación. Ellos pretenden de los demás nada más de lo que ellos mismos harían en términos de atención y compromiso. No adivinar es para ellos una expresión de desinterés hacia su persona porque el regalo no merece la más mínima consideración. ¿Les gusta la música clásica? Son perfectos todos los grandes.

Los libros se agradecen siempre, sobre todo si no son frívolos.

Para él también están muy indicados los accesorios de piel como carteras; estatuas representando búhos, lechuzas y gatos (estos son regalos también válidos para ella). Son adecuados para él y para ella también los perfumes, siempre que sean de marca y nunca dulzones. Al contrario, para la mujer el perfume es a menudo un accesorio indispensable, se le asocian las esencias de brezo y el perfume de áloe.

Entre las piedras que más combinan con ellos, la tradición nos indica la amatista y el topacio, pero puede estar seguro de que el diamante también se lo agradecerá.

En los accesorios de vestuario puede atreverse tranquilamente con el rojo, color de Marte, el burdeos y el negro.

Estudios - profesiones - dinero

Estudios ideales

Los estudiantes de este signo se encuentran entre los más decididos en el momento de escoger la orientación de los estudios que tienen que emprender y esto porque desde la educación primaria y todavía más desde secundaria quedan bien claras sus aptitudes y sus intereses predominantes.

Partiendo de las tendencias dominantes (lucidez, análisis-síntesis, intuición crítica), se abren camino las orientaciones de tipo médico-científico, de experimentación e investigación, especulación filosófica, crítica aplicada a los distintos sectores, estudios y análisis de la psique a través de la psicología y el psicoanálisis (con posibilidad de interesarse en un periodo posterior en la crónica negra).

Es muy importante que intenten esforzarse también en las asignaturas que les interesan menos puesto que tienden a dar todo lo mejor en lo que los implica profundamente, abandonando decididamente el resto. No son estudiantes modelo, de rendimiento constante; ante todo, viven simpatías y antipatías instintivas (naturalmente correspondidas en la mayoría de los casos) hacia los profesores, y el aprovechamiento de la clase está muy relacionado también con este factor. Sus progresos están muy sometidos a variaciones, con periodos buenos y periodos malos. Pero disponen de una capacidad intelectiva que se sitúa entre las más brillantes, que les permite recuperaciones clamorosas cuando otros en su situación cojearían inexorablemente. Cuentan sobre su propia inteligencia y tenemos que reconocer que tienen razón: es muy difícil encontrar nativos de Escorpio poco inteligentes; es un dato comprobado que la tradición nos transmite y que podemos verificar continuamente.

Son siempre los primeros en protestar en la escuela y a los profesores si algo no va bien y es conveniente escuchar sus críticas porque difícilmente se equivocan y tienen el coraje de subvertir y luchar para mejorar los sistemas didácticos y las instituciones.

Salidas profesionales

No siempre las salidas profesionales son la consecuencia lógica de los estudios realizados, pero esto sucede casi siempre cuando la orientación de los estudios es precisa.

Son muchos los nativos que estudian medicina y luego se especializan en cirugía. Marte y Plutón están en analogía con los aparatos quirúrgicos y la disección (en los casos de anatomía patológica); los instintos sádicos inconscientes encuentran una sublimación ideal y la sangre fría con la que están dotados hace que se sitúen a menudo entre los mejores del sector. La capacidad inmediata de análisis y síntesis al valorar las situaciones en los casos de emergencia es esencial cuando se trata, por ejemplo, de tomar decisiones vitales y resolutivas durante una intervención. Si no se han presentado oportunidades de proseguir los estudios, nos encontraremos con las mismas pulsiones manifestadas por el carnicero que secciona o corta utilizando afilados cuchillos.

Si ha estudiado filosofía y psicología, la orientación profesional podría ser muy bien del tipo psicoterapéutico-psicoanalítico y psicosomático. También en estos sectores los Escorpio pueden ejercer de la mejor forma posible sus propias aptitudes y situarse entre los profesionales más acreditados. Todo esto sin esfuerzo puesto que se adapta a su naturaleza desarrollar un papel de *analistas del alma*, buscar los símbolos de unión entre mente y cuerpo. Se benefician de su potencia intuitiva que siempre es una ayuda válida en estas profesiones, y por el magnetismo personal, que puede jugar papeles polémicos en los *transfert*, pero que son siempre estimulantes.

Por su dificultad de encontrar empleo, son más raras las elecciones de trabajo aplicadas a la geología y a la espeleología, pero se sitúan siempre entre las más válidas, en analogía con las excavaciones, el llegar hasta el fondo y el buscar. También la arqueología, que la tradición asocia a la Octava Casa zodiacal, encaja con el espíritu del Escorpio.

Entre las demás posibilidades de salida profesional se le adaptan sin duda algunas actividades más relacionadas con la normalidad, con lo cotidiano, pero no por ello menos gratificantes si se eligen personalmente: vendedor de seguros, comisario de policía, notario, investigador privado, experto en criminología, encargado de la compraventa de inmuebles y abogado. También las profesiones relacionadas con el misterio y con el esoterismo encuentran entre los Escorpio un séquito bastante importante, en cuya naturaleza la componente extrasensorial e intuitiva es muy fuerte. Se acercan a la astrología para encontrar un camino que les permita saber más sobre sí mismos y sobre los demás y para aprovechar la oportunidad de gestionarse, en un cierto sentido, el futuro, anticipando la calidad de los acontecimientos.

Sea cual sea la actividad escogida, estos tipos invierten grandes energías en la propia realización personal. No existe para ellos una receta válida sobre cómo triunfar en la profesión: saben que son poco diplomáticos, que son radicales en las elecciones y en los juicios, de desairar a los que no crean que están a su altura, sobre todo desde el punto de vista intelectual... y saben de entrada que todo esto no les ayudará a triunfar con facilidad. Pero nada sería más inútil que aconsejarles que cambiaran, se reirían en su cara y a continuación su expresión sería la del que piensa: «Lo conseguiré de todos modos». Y yo creo que ellos tienen razón.

Dinero

No hay nada que los nativos de Escorpio consideren definitivo en su existencia y también el tener o no tener dinero sigue el mismo criterio: si se tiene, mejor, pero podría no tenerse y entonces... sería otra historia. A diferencia de Tauro y Capricornio a los que les gusta acumular para adquirir seguridad, Escorpio se siente libre de gastar el dinero sin tener sentimientos de culpa. Demuestra muy a menudo que les niega, por lo menos en gran parte, el poder que indudablemente se le reconoce en nuestra sociedad. El psicoanálisis ha aclarado desde hace tiempo que el dinero es para el adulto lo que las heces son para el bebé en el estadio anal: un medio para detentar el poder, para imponer su propia voluntad en el entorno. Ya hemos dicho que la tipología Escorpio se define como de tipo anal-relajado, es decir con la tendencia de desembarazarse de las heces-dinero; pero existe la ambivalencia que se manifiesta cuando este tipo quiere rebelarse y se decide a rechazar a las personas y a las situaciones. Entonces se tiende al restreñimiento: se convierte en lo que se dice un tacaño, poniendo de manifiesto de esta forma toda su insatisfacción interior. A parte de los episodios límite, que pueden suceder de forma casual y alternarse, los Escorpio normalmente mantienen una relación con el dinero que tiende a evitar el derroche porque consideran que se trata de una postura poco inteligente. Si deciden hacerlo fructificar, saben realizar buenas inversiones aunque algo arriesgadas. Su concepto de moralidad es muy subjetivo por lo que no desprecian utilizar métodos no del todo ortodoxos para abrirse camino en el mundo de las finanzas.

De todos modos, no se trata del interés principal de un verdadero Escorpio el hecho de acumular dinero durante su existencia, y aunque lo consiga no es imposible que tire todo por la borda para conseguir otras metas y aventuras. Decidir *ser* en lugar de detenerse en el *tener* sería una elección en consonancia con su naturaleza.

El amor

Ella

Es precisamente a nivel amoroso que este tipo de mujer sabe dar lo peor y lo mejor de sí misma. No se trata de una empresa fácil conquistarla, ni mantener una relación duradera con ella. No es sencillo pero, al mismo tiempo, puede ser que se realice un *encaje* mágico y entonces todo resultará espontáneo, sin dificultades. Realmente, no se trata de un acontecimiento que se pueda ver a menudo; sucede sólo cuando la Escorpio se encuentra con alguien que parece haber nacido exclusivamente para ella. Por mucho que haya podido desilusionarse durante su existencia, espera una unión mágica y tiene problemas para conformarse con algo menos. Si es necesario, es capaz de luchar para que la unión sea más fuerte, más estimulante, más tranquilizante... más todo. Sabe dar mucho, no sabe lo que quiere decir ahorrar energías, y espera lo mismo del otro.

Una historia de amor con una mujer Escorpio puede ser una experiencia inolvidable, en algunos momentos nos podremos sentir como limones exprimidos y es verdad que si no somos pasionales es difícil mantener el ritmo mucho tiempo. Un hombre superficial, que no quiere crearse complicaciones, escaparía rápidamente de la red de los tormentos, de los dramas y de los celos que inevitablemente ella sabe tejer. Estas atmósferas son el clima adecuado, la escenografía necesaria para conducir las emociones del sentimiento amoroso a la máxima expresión posible en la relación sexual. Desde aquí la mujer Escorpio parte para un viaje sensual a través del cual intenta encontrar su alma, descubrirse a sí misma, proponer pequeñas y grandes inmersiones en la síntesis absoluta que anula durante pocos instantes a cada ser individual... Se trata de la magia sexual para gozar de la cual no existe compromiso: es necesario desvestirse del todo, saber conceder sin inhibiciones y falsos pudores, seguros de no perderse pero también de saber reencontrarse.

¿Cómo negar el gran encanto de un ser que sabe vivir y comprometerse a estos niveles emocionales?

Desde el punto de vista psicológico tiende a no compartir sus pensamientos. Da siempre la sensación de haber dicho todo, pero no precisamente todo... Sí sintoniza con usted, pero se va un momento antes... Y quedan las ganas de seguirla, de saber qué otra cosa tiene en la cabeza. ¿No es seductora, estimulante, fascinante?

Ha llegado el momento de hablar de defectos. Como todo ser de naturaleza compleja e inquieta, la mujer Escorpio tiene muchos defectos en lo referente al amor. Ante todo los celos. La pueden dejar ciega ante la realidad más evidente. Su ofuscada mente puede convertirla en mala, despiadada, victimista, amenazante... en otras palabras, imposible de tratar. Es esencial que su pareja sea fiel, de otro modo no se hablará más de amor sino de guerra hasta la última gota de sangre.

El sentimiento de posesión es muy destacado, puede llegar a asumir la naturaleza del otro con el paso del tiempo. Sin duda, se trata de riesgos que corre un hombre bastante débil que, embrujado al principio por su seguridad y capacidad de decisión, se encuentra que luego tiene que sucumbir completamente, con gran insatisfacción por parte de la mujer Escorpio y propia.

Su ideal es seguramente un hombre pasional, intelectivamente agudo y brillante, dotado del encanto suficiente para interesarla para toda la vida, capaz también de dedicación y dulzura.

Alguien que sepa sorprenderla, despertar su curiosidad y que no haga que se sienta nunca *acabada*, ni siquiera después de diez años de convivencia y una prole de tres hijos...

Él

Se trata de un hombre de fuerte magnetismo personal, de encanto indiscutible que emana incluso de la mirada viva, penetrante, a menudo tenebrosa, siempre capaz de llevar a la inquietud a sus interlocutores.

Sobre el tema de conquistas amorosas cada Escorpio es un experto. Está sometido a las pasiones fulminantes; le suceden esos encuentros que desencadenarán luego en historias de amor inolvidables. Y esto porque capta enseguida la esencia de la persona que lo atrae y no pierde el tiempo necesario para otros muchos hombres para aclarar sus propios sentimientos. Lleva a cabo rápidamente un cortejo intenso, un círculo que se cierra alrededor de la presa designada. Para que todo se desarrolle de forma satisfactoria ella tiene que aceptar el juego, tiene que saber controlar la situación con miradas y discursos que se alejen de fórmulas convencionales, que den paso a una experiencia real y completa.

Desde siempre la tradición nos ha hablado de la analogía entre Escorpio y Eros. Pasión y erotismo hacen de este tipo el amante más versátil del zodiaco. Naturalmente, aunque no se sea nativo de Escorpio, el hecho de tener el ascendente o la Luna o Venus en Escorpio ofrece las mismas características amatorias.

Celoso, posesivo, muy a menudo en equilibrio entre pulsiones alternativas de sadismo y masoquismo, es un maestro en hurgar en el alma de la pareja para obtener todo lo que es necesario poner en juego en el encuentro sexual. ¿Un encuentro? A menudo es un desencuentro en el que a la víctima no se le ahorra nada en términos de emociones. Una de las cosas que más le fascinan en una mujer es la capacidad de alternarse en los papeles: no tiene que darse nunca por sentado que sea él el que dirija el juego amoroso; si invierte la situación, para él es un descubrimiento excitante, un estímulo irrenunciable.

No sabe ser muy dulce, le cuesta exteriorizar sus sentimientos y sólo lo consigue en raros pero intensos momentos.

Poner a prueba a la persona que ama es un requisito obligado para él, durante el cual puede sufrir terriblemente porque se da cuenta que se arriesga a perder el objeto de amor. Puede ser agresivo y cínico y mostrarse frío después del éxtasis amoroso... Todo forma parte de la lucha que mantiene consigo mismo para estar seguro de ser amado, aceptado incluso en sus peores momentos.

Superado el problemático rodaje de pareja se da cuenta de que puede frenar, de que puede dejar de lado las torturas y la ironía para dar paso a la confianza tranquilizadora.

Para superar todos los obstáculos, su compañera ideal no debe sólo amarlo perdidamente (a muchas las abandona igualmente), sobre todo tiene que ser inteligente y estar dotada de una intuición considerable. Creo que no sabría aceptar nunca a su lado a una mujer que no esté a su altura.

En amor este hombre se vuelca completamente, con sus lados positivos y negativos, sin reservas. En su mujer busca a una amante, a una amiga, a una compañera de aventuras, a una cómplice con la que recrear una atmósfera de misterio, una existencia en pareja por la que corre siempre un hilo de entendimiento muy fino. Esto incluso después de años de vida en común; sólo con el tiempo puede haber espacio para una unión similar, resultado de una pasión sembrada mucho antes.

Por lo que se refiere a la lealtad en el amor, no es fácil definir su comportamiento y, sobre todo, aprobar su sentido moral tan elástico y subjetivo. No acostumbra a traicionar, pero si sucediera haría de todo para no dejarse descubrir y proteger de esta forma la unión que realmente quiere. El resto... podría definirlas *experiencias*, nada que ver con el verdadero amor.

Relaciones con los demás signos: las parejas

Escorpio - Aries

No son las peleas furibundas, inevitables entre estos dos tipos, las que me hacen pensar en una unión imposible: es el hecho de reconocer sin duda en ellas tendencias y objetivos completamente distintos. ¿Se los imagina en la vida cotidiana? Nuestros Escorpio quieren tiempo para reflexionar, rechazan el jaleo, les gusta discutir para crear un intercambio, un entendimiento intelectual. El Aries antes de pensar actúa; no sabe estarse quieto, gozar de la calma; prefiere ir a correr, quedar con amigos. Afronta las discusiones de cara, de todo hace una cuestión personal. Y carece totalmente de autocrítica... El Agua Escorpio tiende a apagar ardores e impulsividad, a frustrar inevitablemente a una pareja así. Los encuentros sexuales son pasionales, un viaje sobre ondas emocionales completamente distintas; el erotismo no estimula al Aries, lo desconcierta y le hace perder la carga a medida que avanza...

Escorpio - Tauro

Se trata de una unión satisfactoria desde el punto de vista sexual ya que el Escorpio encuentra en la pareja seguramente disponibilidad y calor. Para el resto de cosas tengo muchas reservas porque se trata de signos opuestos en el zodiaco, por lo tanto complementarios, y el entendimiento se basa en las diferencias, no en las analogías. Los nativos no conviven muy bien con quien es demasiado distinto de ellos por lo que, antes o después, acabarán por encontrar a los Tauro demasiado gandules, demasiado lentos, poco brillantes en las especulaciones intelectuales... ¿Y cómo conseguirán participar en las incomprensibles, para ellos, crisis interiores de la pareja? Sienten que se les escapa, porque no lo entienden, e intentan poseerlo en sentido material, limitando su libertad, un error descomunal que activará por reacción los peores instintos de Escorpio. Una relación amorosa entre los dos está destinada a pasar a mejor vida si los exponentes no son muy jóvenes, pero maduros y conscientes de sus propios defectos.

Escorpio - Géminis

Si existe entre ellos el amor, el verdadero, pondrán lo mejor de su parte para exaltar los puntos de entendimiento, pasando por encima de los puntos conflictivos. Una de ellas son los celos del Escorpio que se enfrenta siempre con la conocida y efervescente disponibilidad del Géminis. Es necesario que el *Otelo* de la situación consiga como pueda de la pareja la seguridad afectiva que necesita para estar tranquilo. Si se queda con las apariencias, podría ser el final. ¿Se imagina a un o una Géminis que tuviera que mortificar su propia viveza, el gusto de socializar para no incurrir en iras furiosas y represalias vengativas? Por lo tanto, es necesario mucho amor y el espíritu necesario para dejar un poco de lado las propias tendencias más instintivas para que la unión dure. Por otro lado, esta pareja cuenta nada menos que con la protección de Mercurio. ¿Y le parece poco? Les gusta discutir, son curiosos, cínicos y muy astutos. Recuerdan al gato y al zorro de la fábula; cuando su complicidad se une para perjudicar al prójimo... la victoria es segura y cómo se ríen de ello...

Escorpio - Cáncer

Los dos son signos de Agua, más inquieto el primero y más soñador el segundo. Tienden a compenetrarse estas dos aguas, así como los dos exponentes de los signos se dejan acosar y poseer. Se trata de un gran encuentro, lleno de entendimientos emotivos, de miradas románticas o encendidas, más elocuentes que los discursos. A menudo el Escorpio se vuelve más profundo, todavía más introvertido con el Cáncer que no lo empuja a mostrarse, a salir al descubierto. Los dos se protegen del exterior, pero mientras para el tipo Cáncer esta es una elección adecuada, para el Escorpio es más controvertida; necesita estímulos alternativos, de experiencias, de luchas y a la larga siente que le ahoga un poco una vida de pareja, encerrado entre la casa y los hijos, si es que tienen. Si el nativo de Cáncer, ella o él, se esfuerza en entender y participar, todo irá bien; si la actitud es resignada y victimista... el Escorpio no se ahorrará la venganza y las incursiones sádicas.

Escorpio - Leo

En esta pareja hay una lucha que agita los ánimos, aunque estén enamorados, y que no tarda en hacerse visible: es la lucha por la supremacía. Ninguno de los dos acepta de buen grado el papel de segundo, ni siquiera por un corto espacio de tiempo, y esto crea inevitablemente hastío e incomprensión. El Leo olvida incluso lo que no debería; el Escorpio recuerda todo, con una memoria obsesiva. Si otros valores en sus temas les ayudan a ser más elásticos y anárquicos, todo irá mucho mejor. Se crearán espacios distintos e individuales en los que encauzar y gestionar la sed de poder; esto también por lo que se refiere a la vida familiar y a los hijos. Si se respetan los pactos sin interferencias, podrán disfrutar mutuamente de las virtudes de cada uno: el tipo Escorpio se verá obligado a ser más abierto y optimista, menos sarcástico y capaz de dejar escapar al final con despreocupación algún detalle. El Leo ganará en capacidad de autocrítica e introspección.

Escorpio - Virgo

El amor es más amor cuanto más irracional es. Y esta pareja parece demostrarlo puesto que, en apariencia, en sus tipologías clásicas no tienen nada que les pueda atraer y garantizar un entendimiento. Pero es preciso destacar que el encuentro, aunque difícil, se realiza siempre entre dos exponentes del signo no tipológicamente *puros*. Los nativos de Virgo tendrán alguna posible intervención de Venus en Libra o Leo que los ayudará a ser menos críticos, menos *ácidos* al analizar los defectos de la pareja, menos desconfiados y más dispuestos al compromiso amoroso. Al Escorpio le puede ir bien su disponibilidad y dejarse guiar en las decisiones importantes, el ser a pesar de todo serviciales... pero es difícil que esta pareja funcione realmente; puede ser mejor si ella es Virgo y él Escorpio. De todos modos, es el Escorpio quien primero muestra intolerancia y aviva el fuego.

Escorpio - Libra

Pueden darse mucho el uno al otro siempre que se propongan, en un cierto sentido, construir un entendimiento. No tendrán que representar papeles estereotipados, consecuencia de sus temperamentos, sino evolucionar para y hacia un encuentro. Si el Libra se esfuerza, podrá ser menos frívolo, aprender a buscar, más allá de las apariencias, algo que poner en común con la pareja. Escorpio admira la calma y la capacidad para tratar las situaciones de este tipo, pero debe aceptar el hecho de que tanta firmeza y diplomacia nacen de exigencias limitadas, de críticas contenidas y de escasos compromisos emocionales. El o la Libra odian las palabras fuertes, las discusiones encendidas que en cambio son la pimienta del amor de Escorpio. El o la Escorpio sabe ofender a muerte y se espera una reacción adecuada para encender la lucha, encenderse y luego calmarse con amplias satisfacciones erótico-sexuales. El Libra no controla: se indigna y es totalmente incapaz de aguantar esos ritmos. Si es amor verdadero, él o la Escorpio aprenderá a mantener controlado el aguijón.

Escorpio - Escorpio

Suele funcionar. Teniendo presente que en el tema individual de cada uno habrá variantes astrológicas que permiten colorear con tonos distintos la personalidad de cada exponente... esta unión entre semejantes puede dar buenos frutos. Los dos son pasionales, están preparados para darse placer a nivel erótico alcanzando sensacionales éxitos en el entendimiento emotivo, curiosos y capaces de superar las barreras de la rutina diaria... pueden conseguirlo. Las intrigas y los peligros están ahí, es natural, pero ellos son brillantes y están atentos y si consiguen alejarse un poco de la pareja sabrán entenderse mejor. Comprenderán que no deben hurgar en heridas demasiado profundas durante sus incursiones de sadismo intelectual; que no es beneficioso, a la larga, analizar todo de la pareja. Dejar espacio abierto para que el viento les traiga novedades y sorpresas.

Escorpio - Sagitario

Son muy distintos entre ellos, pero Marte y Júpiter pueden intentar un encuentro; quizá no sea fácil, pero será rico y estimulante sin duda. Ante todo, esta pareja debería aprender a moderar algunos aspectos excesivos de su propio temperamento; si se ayudan mutuamente a ver las cosas claras con amor y buena fe... llegarán lejos. Y no sólo en sentido metafórico. Todo resulta mucho más fácil si es ella Escorpio puesto que el encanto de este hombre dinámico, alegre y siempre a punto para partir hacia tierras perdidas, o más sencillamente para pasar los fines de semana fuera de la ciudad, sabrá arrastrarla, seducirla y hacer que parezcan un poco mezquinos sus celos y su sentido de la posesión. Lo admirará porque es un independiente por elección, porque ama con espíritu sincero a los animales y le gusta defender a los más débiles de los abusos. Creo precisamente que Sagitario ofrece la posibilidad a Escorpio de dejarse ir, de abrirse al fluir de la vida con un poco de optimismo desconocido.

Escorpio - Capricornio

No puede definirse como un encuentro, se trata mejor de una *disputa* en la que cada uno lucha un poco contra el otro y un poco contra sí mismo. Las dificultades estimulan a ambos y si el amor aparece, nunca se podrá decir que se echen atrás por problemas de carácter. Se trata de una de las uniones más bonitas, que con el paso del tiempo, aprenden a estudiarse, a entenderse y a apreciarse. Escorpio intuye la fuerza de carácter de la pareja y, después de haber intentado dominarla, está seguro de ello. Guardará su aguijón casi satisfecho, íntimamente convencido de haber encontrado la pareja adecuada. Capricornio cultivará con placer intereses menos materialistas; se harán fuertes frente a cualquier ataque externo. Cada uno de los dos sabe que el otro sabría vivir sólo: el orgullo es fuerte, el amor también muy grande. No se desafían nunca para dejarse... podrían no poder volver atrás.

Escorpio - Acuario

Lo de esta pareja es un amor que nace en el ámbito de las ideas y, como tales, está destinado a caer y romperse por los suelos en los asuntos cotidianos. Después de conseguir al imprevisible y excéntrico Acuario, Escorpio se queda desilusionado por la pobre respuesta erótico-sexual. Se le tachará, sea él o ella, de utilizar formas maníaco-sexuales, de no saber gozar de otras cosas mucho más importantes en una relación... Pero para Escorpio si no hay pasión no es amor... es otra cosa que no lo satisface para nada. Sustancialmente es este el escollo insuperable de esta combinación. Tampoco funciona en el ámbito intelectual: a Acuario le gusta hacer proyectos y elucubrar en los límites de lo real, por el gusto de dejar volar el pensamiento, sin tener en cuenta nada; y Escorpio no lo soporta, lo cree infantil, falto de preparación, utópico e inoperante. Sólo a partir de una relación con un o una Acuario masoquista Escorpio consigue obtener alguna satisfacción. Pero sería muy poca cosa.

Escorpio - Piscis

Se trata quizá de la unión con más éxito para los dos signos. No existen luchas entre el Agua del pantano y las aguas oceánicas; se compenetran y gozan de la inquietante fertilidad, de los espacios infinitos que embriagan por la sensación de libertad ilimitada. Si se aman pueden con todo; viven contentos el uno del otro, quizás incluso de un amor demasiado exclusivo que tiende a excluir a cualquier otra persona. Sería conveniente que dejaran un resquicio abierto sobre el mundo exterior... nunca se sabe. Recordamos a los Piscis que tienen que cambiar con el tiempo su papel, que casi siempre es masoquista porque al Escorpio no le gusta acomodarse ni siquiera cuando puede hacer, con amplia satisfacción, de *tirano* durante largos periodos. Se sorprenderá bastante de verse rechazado algunas veces e incluso agredido, pero esto lo estimulará mucho porque le gustan las emociones fuertes. De todos modos se trata de un encuentro mágico y la llave es sólo suya.

Conquistas y abandonos

Cómo conquistar a un Escorpio

Si es una mujer de aire algo misterioso, inteligente, incapaz de dominar los formalismos... lo atraerá como un imán. Se dará cuenta de que lo ha conquistado (digamos mejor seducido) por todas las cosas que se mostrará dispuesto a hacer por usted. No le dará tregua y usted tiene que hacerle entender que corresponde a su interés, sin por ello rendirse enseguida. ¿Es usted una mujer complicada? Es lo que desea. Pero lo que sobre todo consigue hechizar a este hombre es la disponibilidad erótica, la posibilidad de alcanzar el apogeo amoroso más audaz con su colaboración. Aprecia infinitamente al que sabe recrear atmósferas misteriosas, hechas de miradas, caricias y pocas palabras. Si lo quiere para siempre, hágale intuir que es su cómplice además de su amante. Sabrá entender que para usted es importante sólo leyéndolo en los ojos; sólo tiene que amarlo de verdad, sin ilusiones ni ficciones.

Cómo hacer que un Escorpio la deje

Si es un poco superficial y coqueta lo conseguirá fácilmente, sin muchos esfuerzos. Lo que no podría soportar nunca es sentir que le toma el pelo, sabría odiarla intensamente por ello. Mostrarse ambigua y huidiza es otro medio para desanimar su interés y hacer que se busque otra. Realmente, sistemas para hacer que un nativo de Escorpio nos deje hay muchos pero... ¿para qué crearse este problema que, de hecho, no existe? No se trata de tipos *pegajosos*, de esos que no aflojan aunque se les desilusione continuamente... Es suficiente ser sincera y decirle que se ha terminado o que no le convence mirándole directamente a los ojos. En cada verdadero Escorpio tenemos que reconocer mucho orgullo y estima de sí mismo capaz de hacerle superar cualquier desilusión; incluso la de que no le quieran.

Cómo conquistar a una Escorpio

Ante todo se debe tener presente que nada ni nadie puede inducirla a notar su presencia si no se pone en marcha en ella espontáneamente un misterioso relé. Es instintiva, vive las atracciones a flor de piel; si se la quiere sorprender es necesario saber despertar su curiosidad. Admitiendo que todavía se utilicen las galanterías, como enviar ramos de flores, la mujer Escorpio no las aprecia, es mejor hacerle llegar un libro sobre su signo zodiacal con dedicación que no deje muchas dudas sobre el interés amoroso de quien la escribe. No es con los celos como va a conseguir conquistarla para siempre, al contrario, una de las características que más aprecia, además de una pasional vena erótica, es precisamente la fidelidad. No le esconda que es usted un hombre que busca a la persona adecuada, sabrá estar a la altura de la situación. Si lo que busca es una aventura... tendrá que ser de todos modos claro con ella; podría ser incluso lo que ella desea.

Cómo hacer que una Escorpio le deje

Como es fácil de imaginar, no puede existir una receta precisa. Pero es verdad que existen algunas cosas que esta mujer no podría soportar nunca en amor, bajo ningún concepto. La primera entre todas es la infidelidad; es el resorte capaz de desencadenar una reacción esencialmente destructiva. Si por lo tanto ha descubierto, al conocerla mejor, que no le conviene... Basta hacerle creer que es usted un tipo al que le gusta ir de flor en flor y verá cómo se aleja con el desprecio en los labios. Si en cambio la relación dura desde hace tiempo, se alejará de usted simplemente al darse cuenta de su desinterés. Sea quizás un poco cruel, pero déjele claro que para usted todo ha terminado. Piense que ella actuaría de la misma forma porque odia las mentiras.

La salud

Se trata de un argumento muy delicado porque, si tenemos que generalizar, podría dar pie a alguna preocupación realmente inútil.

Para valorar con conocimiento de causa el estado general y particular de salud de cada individuo es necesario analizar el tema natal completo; se establecen, examinando el Sol, el ascendente, la Luna, las Casas 6 y 12, cuáles son las patologías más probables y a través del análisis completo de planetas y aspectos se elabora todo el discurso.

Es cierto, sin embargo, que conociendo ya el signo solar de pertenencia podemos referirnos a las predisposiciones patológicas más frecuentes a las que un individuo puede estar sometido durante su existencia. La tradición astrológica asocia al octavo signo, dominado por Marte y Plutón, los órganos reproductores y los genitales masculinos, los genitales externos femeninos, el colon, el recto, el ano, la uretra, la próstata, el cóccix. Estos pueden ser los llamados órganos *clave* de los Escorpio y estarán más sometidos a desequilibrios cuanto más se revelen en el tema individual de cada uno aspectos desarmónicos entre los significantes de los valores Escorpio.

En consecuencia, las patologías que con más probabilidad pueden surgir son: infecciones en los órganos genitales y en el canal vaginal, afecciones en el último tramo del intestino, hemorroides, uretritis, prostatitis, fístulas; predisposiciones genéricas en los estados inflamatorios agudos y en los abscesos por analogía con la influencia de Marte.

Escorpio, como los otros dos signos pertenecientes al elemento Agua, está fácilmente predispuesto a las somatizaciones. Cada emoción intensa reprimida, de rabia, de alegría, de dolor o de vergüenza, que no tenga la posibilidad de manifestarse al exterior puede transformarse en síntoma. Escuchando a nuestro cuerpo podemos com-

41

prendernos más y tenemos la posibilidad de poner remedio a los problemas que pueden surgir. A veces puede ser de gran ayuda la intervención de la medicina psicosomática.

Se trata de esas fastidiosas formas de vaginismo que atormentan falsamente al sexo femenino del signo de Escorpio y que no encuentran una curación definitiva. Los trastornos en el hombre relacionados con la esfera erótico-sexual a menudo nos indican problemas más o menos conscientes en el sector afectivo-amoroso.

Quiero recordar que Freud dice que curarse de una enfermedad es como corregir un error de pensamiento. El *pensamiento* equivocado es también el que, perpetrado en el tiempo, se convierte en una actitud que no nos permite desbloquear los estados de tensión emotiva, de seguir el *camino del cuerpo* para realizar esa unidad psicosomática indispensable para el estado de bienestar y equilibrio.

Los tipos Escorpio conocen bien el ansia y la angustia que se presentan por periodos y son conscientes de lo difícil que es convivir con ellas. Cada vez se recurre más a menudo a las pastillas que durante un tiempo hace desaparecer los síntomas.

El Escorpio teme aparecer vulnerable y enmascara los propios miedos con la impenetrabilidad, pero el ansia aparece como síntoma revelador y como tal se tiene que escuchar e indagar. La angustia de vivir, en general, encuentra las raíces en su ser complejo y paraliza la creatividad si no consigue aclararse y actuar de forma consciente.

Pero los recursos interiores de estos sujetos son fantásticos y a menudo saben escucharse, se imponen el relax, el autoanálisis, rechazan la medicina convencional para escoger vías alternativas y que encajen más con ellos.

Incluso en la monotonía diaria son fuertes, reaccionan, quieren ser eficientes, y que no se diga nunca que una simple fiebre los obliga a guardar cama.

Un Escorpio a menudo enfermo es un individuo sin duda alguna frustrado, infeliz, que no escucha todo lo que su cuerpo hubiera querido comunicarle.

Personajes famosos

MARTÍN LUTERO	teólogo	10 de noviembre de 1483
VOLTAIRE	filósofo	21 de noviembre de 1694
MARÍA ANTONIETA	reina de Francia	2 de noviembre de 1755
NICCOLO PAGANINI	músico	27 de octubre de 1782
GEORGE ELIOT	escritora	22 de noviembre de 1819
MARIE CURIE	científica	7 de noviembre de 1867
EMMA GRAMATICA	actriz	25 de octubre de 1874
AGA KHAN	soberano	2 de noviembre de 1877
TROTSKI	político	26 de octubre de 1879
PABLO PICASSO	pintor	25 de octubre de 1881
ARNOLDO MONDADORI	editor	2 de noviembre de 1889
CHARLES DE GAULLE	político	22 de noviembre de 1890
TAZIO NUVOLARI	piloto	16 de noviembre de 1892
PAUL HINDEMITH	compositor	16 de noviembre de 1895
LUCHINO VISCONTI	director	2 de noviembre de 1906
MARIO SOLDATI	escritor	17 de noviembre de 1906
KATHARINE HEPBURN	actriz	8 de noviembre de 1909
ALBERT CAMUS	escritor	7 de noviembre de 1913
FRANÇOIS MITTERRAND	político	26 de octubre de 1916
INDIRA GANDHI	política	19 de noviembre de 1917
ADELE FACCIO	política	13 de noviembre de 1920
CHARLES BRONSON	actor	3 de noviembre de 1922
FRANCESCO ROSI	director	15 de noviembre de 1922
SALVATORE GIULIANO	delincuente	20 de noviembre de 1922
RICHARD BURTON	actor	10 de noviembre de 1925
ROCK HUDSON	actor	17 de noviembre de 1925
ROBERT KENNEDY	político	20 de noviembre de 1925
ROSSELLA FALK	actriz	10 de noviembre de 1926

MONICA VITI	actriz	3 de noviembre de 1931
ROSITA MISSONI	estilista	20 de noviembre de 1931
CHARLES MANSON	plurihomicida	12 de noviembre de 1934
CARLO DE BENEDETTI	industrial	14 de noviembre de 1934
ALAIN DELON	actor	8 de noviembre de 1935
VIRNA LISI	actriz	8 de noviembre de 1936
PUPI AVATI	director	3 de noviembre de 1938
ADELINA TATTILO	editor Playman	13 de noviembre de 1938
MARCO BELLOCCHIO	director	9 de noviembre de 1939
GIGI PROIETTI	actor	2 de noviembre de 1940
MARTIN SCORSESE	director	17 de noviembre de 1942
CARLOS DE INGLATERRA	príncipe de Gales	14 de noviembre de 1948
CARLO VERDONE	director	17 de noviembre de 1951
LELLO ARENA	actor	1 de noviembre de 1953

Segunda parte

LA FICHA
ASTROLÓGICA PERSONAL

por *Chiara Bertrand*

Cómo construirse una ficha astrológica personal

Ahora que ya hemos satisfecho las curiosidades relativas al propio signo zodiacal, proporcionaremos todas las indicaciones necesarias para construirse el horóscopo personal, además de noticias de carácter general sobre la astrología y el zodiaco. Esta parte permite, de hecho, completar la ficha personal de la página siguiente y el gráfico del tema natal de la pág. 49.

Ficha astrológica personal de ....
a rellenar a medida que se obtienen los datos según las instruccio-
nes de las páginas siguientes.

Fecha de nacimiento .... Hora de nacimiento ....

Lugar de nacimiento .... Hora oficial estival: sí .... no .....

Hora de Greenwich .... Tiempo sideral del nacimiento ....

Ascendente : ....° .....' en............. Casa VII : ....° en...........

Casa 2 : ....° en............. Casa 8 : ....° en...........

Casa 3 : ....° en............. Casa 9 : ....° en...........

Casa IV : ....° en............. Medio Cielo : ....° en...........

Casa 5 : ....° en............. Casa 11 : ....° en...........

Casa 6 : ....° en............. Casa 12 : ....° en...........

Sol : .....° .....' .....'' en................. Casa.............................

Luna : .....° .....' .....'' en................. Casa.............................

Mercurio : .....° .....' .....'' en................. Casa.............................

Venus : .....° .....' .....'' en................. Casa.............................

Marte : .....° .....' .....'' en................. Casa.............................

Júpiter : .....° .....' .....'' en................. Casa.............................

Saturno : .....° .....' .....'' en................. Casa.............................

Urano : .....° .....' .....'' en................. Casa.............................

Neptuno : .....° .....' .....'' en................. Casa.............................

Plutón : .....° .....' .....'' en................. Casa.............................

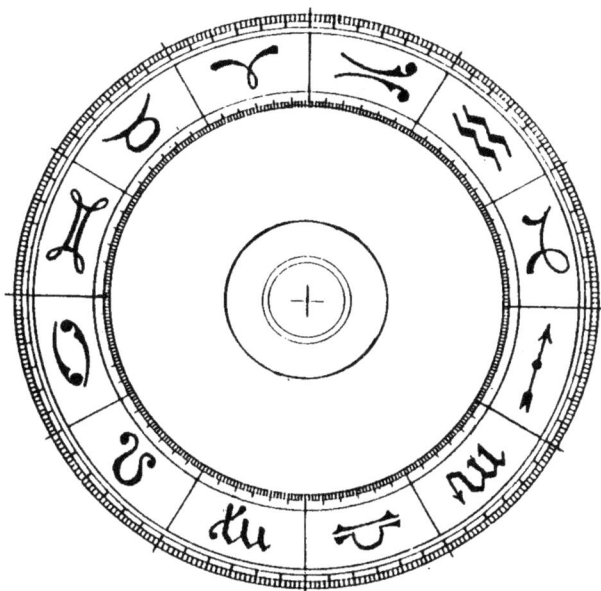

La astrología, que nació en tiempos remotos, consistía al principio en la observación de la bóveda celeste, del movimiento de los astros y de los fenómenos naturales relacionados con estos movimientos. La percepción de la armonía existente entre el cielo y la tierra llevó a creer que los astros tenían una influencia sobre las vivencias humanas, y se profundizó en el arte de obtener auspicios de las estrellas y de los planetas.

Los antiguos estudiosos idearon un sistema fijo que permitía observar el movimiento de los astros en relación con la Tierra: en el centro de este sistema se coloca el zodiaco, una banda celeste que corre paralela al ecuador siguiendo una circunferencia de 360°. El zodiaco está subdividido en 12 sectores de 30° cada uno, los cuales a su vez toman el nombre de una de las 12 constelaciones localizadas en el cielo por nuestros antepasados. Hay que destacar que la correspondencia entre signo y constelación es simbólica, puesto que estas figuras celestes no coinciden perfectamente con el espacio de 30° asignado a cada signo zodiacal. El grado inicial de los 360° que componen el zodiaco, llamado punto vernal, corresponde al 21 de marzo, fecha del equinoccio de primavera, que abre el año zodiacal con Aries, el primero de los doce signos. La pertenencia a un determinado signo del zodiaco se basa en el camino aparente del Sol a lo largo de esta banda: el paso diario del Sol es de aproximadamente 1° y, por lo tanto, en el arco de un mes cubre los 30° de un signo zodiacal. En este movimiento, el Sol separa las estaciones que regulan los procesos vitales en la Tierra: tenemos que destacar que la correspondencia de cada signo con una determinada fase estacional, es muy importante para entender la sucesión de los signos y los respectivos valores astrológicos.

Como ya sabemos, para establecer a qué signo se pertenece es suficiente conocer el día de nacimiento; sin embargo, las fechas de inicio y de final de los distintos signos pueden variar con los años, puesto que a los 360° zodiacales corresponden 365 días de nuestro calendario: por este motivo, en este volumen se ha incluido la tabla con las fechas exactas de entrada del Sol en el signo zodiacal tratado.

La simbología de los signos zodiacales se encuentra en la base de la astrología, proporcionando un mapa para la lectura del cosmos y del corazón del hombre, que forma parte de este mecanismo universal armónico; las características de cada signo determinan el terreno expresivo para los planetas que de vez en cuando los ocupan. Si el signo solar es esencial para describir las características de base de la personalidad, para obtener un cuadro completo es necesario de hecho localizar las posiciones de los otros nueve planetas que, además del Sol, se mueven por la banda zodiacal. Se trata de: Luna, Mercurio, Venus, Marte, Júpiter, Saturno, Urano, Neptuno y Plutón. Unas tablas, llamadas efemérides, proporcionan la posición zodiacal exacta (expresada en grados) de cada planeta e incluso del Sol, para cada día del año. Según la distancia al Sol, cada planeta se mueve por el zodiaco con mayor o menor velocidad: es suficiente pensar que Mercurio realiza una vuelta completa por el zodiaco en aproximadamente un año, pero Júpiter tarda 12 años y Plutón 250 años. Para completar el tema del nacimiento, es necesario establecer además la posición de las 12 Casas astrológicas, como veremos con más detalle en el próximo capítulo.

El trabajo del astrólogo consiste, una vez realizada la redacción de la carta del cielo en el nacimiento, en analizar los elementos que la componen, vistos no como elementos separados, sino considerados en sus recíprocas interacciones: un trabajo delicado y complejo, que da resultados sorprendentes.

El ascendente y las 12 Casas

Para la construcción del tema natal es necesario realizar la domificación, es decir, encontrar la posición de las 12 Casas astrológicas que subdividen el esquema horoscópico en otros sectores, referido cada uno a un particular campo de experiencia característico de la existencia humana.

El ascendente delimita el primero de estos sectores (la I Casa) y tiene una importancia fundamental entre los factores astrales que caracterizan un horóscopo. El signo en el que se encuentra el ascendente es el que en el momento del nacimiento se levantaba en el horizonte y cambia según la hora y el lugar en que se produjo; sin conocer estos datos no es posible elaborar un horóscopo preciso y cuidado, que tiene que colocar cada planeta en una Casa bien precisa, para poder obtener las indicaciones sobre cómo se transfieren en la vida real las energías representadas por los planetas en los diferentes signos.

Para realizar la domificación, es necesario calcular el tiempo sideral de nacimiento (como explicaremos en el próximo capítulo), luego encontrar en las tablas de las Casas, la posición exacta de las Casas en el momento del nacimiento. Si lo que se pretende es encontrar sólo el signo en el que cae el ascendente, es posible seguir un procedimiento más sencillo, que hace que las personas que no tienen grandes conocimientos de astrología puedan conocer este importantísimo elemento astral.

De hecho, el ascendente puede definirse como el *punto de partida* de las posibilidades de desarrollo individual; describe a la persona en sus características más evidentes, en el comportamiento, en las reacciones instintivas, en las tendencias más naturales y manifiestas, e influye también en el aspecto físico. Muy a menudo, el individuo se reconoce más en las características del ascendente que en las del signo solar al que pertenece, o en los que están en contacto con él, le resultan más claras las características típicas del ascendente: esto sucede porque el ascendente es la imagen consciente que tenemos de nosotros mismos y que manifestamos a los demás.

El ascendente, además, al caracterizar la constitución física, proporciona informaciones muy interesantes en el plano de la salud, indicando los órganos y las partes del cuerpo más sujetas a trastornos y al tipo de estímulos a los que el individuo reacciona más rápidamente.

La presencia de los planetas en conjunción con el ascendente intensifica la personalidad, resaltando algunas de las características que adquieren de esta forma una evidencia particular: por ejemplo, encanto y amabilidad en el caso de Venus, agresividad y competitividad, en cambio, en el caso de Marte.

Una I Casa «ocupada» por muchos planetas refuerza la autonomía y el espíritu de afirmación, y proporciona la tendencia a imponer la propia personalidad sobre la de los demás.

Evidentemente, tiene una gran importancia la combinación signo-ascendente: en la tercera parte del volumen, en un capítulo especial, se agrupan todas las combinaciones relativas al signo tratado.

Cálculo del ascendente

Los datos necesarios para calcular el ascendente son: fecha, lugar y hora exacta de nacimiento (en el caso de que no se conozca la hora, se puede pedir en el registro la partida de nacimiento). Se acepta una aproximación de 15-20 minutos.

El procedimiento es sencillo, sólo con algunos cálculos se podrá obtener la posición del ascendente con cierta precisión.

Pongamos un ejemplo con un nacimiento que tuvo lugar en Burgos, el 15 de junio de 1970 a las 17 h 30 min hora oficial.

1. La primera operación que se debe hacer siempre será consultar la tabla de la pág. 55, para ver si en ese momento había alguna alteración horaria con respecto a la hora de Greenwich (que es la referencia horaria mundial y la meridiano patrón para España). En el caso de este ejemplo, había una diferencia de una hora y por ello es necesario restar una hora de la hora de nacimiento. Por lo tanto tendremos: 17 h 30 min - 1 h (huso horario) = 16 h 30 min.

En cambio, en el caso de no haber hora de verano, como se la llama generalmente, no se deberá restar nada; pero si en cambio hay dos horas de diferencia con la hora oficial, entonces habrá que restar dos horas.

2. El resultado que se obtiene se suma a la hora sideral, que se puede localizar en la tabla de la pág. 57. La hora sideral para la fecha tomada como ejemplo es 17 h 31 min por lo tanto: 16 h 30 min + 17 h 31 min = 33 h 61 min. Pero este resultado precisa una corrección: de hecho, es necesario recordar que estamos realizando operaciones sexagesimales (es decir, estamos sumando horas, minutos y segundos).

Los minutos no pueden superar los 60, que es el número de minutos que hay en una hora.

Por lo tanto, el resultado se tiene que modificar transportando estos 60 minutos a la izquierda, transformándolos en 1 hora y dejando invariable el número de minutos restantes. Corregido de esta forma, el resultado originario de 33 h 61 min se ha convertido en 34 h 01 min.

3. A continuación, para llegar hasta la definición exacta del tiempo sideral de nacimiento, es necesario sumar al resultado obtenido la longitud traducida en tiempo relativa al lugar de nacimiento. La tabla de la pág. 58 proporciona la longitud en tiempo para las principales ciudades españolas: En el caso de Burgos tenemos que restar 0 h 14 min 49 s. Podemos quitar los segundos para facilitar el procedimiento, ya que no altera prácticamente el resultado.

Para poder restar los minutos, debemos transformar una hora en minutos. Quedará así: 34 h 01 min = 33 h 61 min; 33 h 61 min – 0 h 14 min = 33 h 47 min.

Puesto que el resultado supera las 24 horas que tiene un día, es necesario restar 24. Quedará así: 33 h 47 min – 24 = 9 h 47 min, que indica el tiempo sideral de nacimiento.

4. Después de obtener, finalmente, este dato, sólo tendremos que consultar la tabla de la pág. 54 para descubrir en qué signo se encuentra el ascendente: en el caso que hemos tomado como ejemplo, el ascendente se encuentra en el signo del Escorpio.

Para resumir el procedimiento que hay que seguir, lo presentamos en este esquema, que puede ser útil para realizar el cálculo del propio ascendente.

....	−	HORA DE NACIMIENTO	−	
1.00	=	1 HORA DE HUSO		= (en caso necesario hay
				que restar 2 horas)
....	+	HORA DE GREENWICH	+	
....	=	HORA SIDERAL (tabla de la pág. 57)	=	
....	+	RESULTADO	+	
....	=	LONGITUD EN TIEMPO		
		(tabla de la pág. 58)	=	
....		TIEMPO SIDERAL DE NACIMIENTO		

TIEMPO SIDERAL DE NACIMIENTO   = ...

ASCENDENTE (tabla en esta página)   = ...

N.B. Al hacer los cálculos, hay que recordar siempre que se debe verificar que los minutos no superen los 60 y las horas no superen las 24 y realizar las oportunas correcciones como muestra el ejemplo. También se pueden efectuar las correcciones al final del cálculo todas juntas.

BUSQUE AQUÍ SU ASCENDENTE

de 0.35' a 3.17' .... ascendente en Leo

de 3.18' a 6.00' .... ascendente en Virgo

de 6.01' a 8.43' .... ascendente en Libra

de 8.44' a 11.25' .... ascendente en Escorpio

de 11.26' a 13.53' .... ascendente en Sagitario

de 13.54' a 15,43' .... ascendente en Capricornio

de 15.44' a 17.00' .... ascendente en Acuario

de 17.01' a 18.00' .... ascendente en Piscis

de 18.01' a 18.59' .... ascendente en Aries

de 19.00' a 20.17' .... ascendente en Tauro

de 20.18' a 22.08' .... ascendente en Géminis

de 22.09' a 0.34' .... ascendente en Cáncer

TABLA DE LA HORA OFICIAL EN ESPAÑA

Desde el 1.° de enero de 1901, en España rige la hora del Meridiano de Greenwich (0° 00'). El 15 de abril de 1918, se introduce por primera vez la llamada *hora de verano*. Hasta esa fecha no se produce ningún cambio en la hora legal.

Año	Fecha	Hora	Modificación	Fecha	Hora	Modificación
1918	15 abril	23.00	adelanto 1 hora	6 octubre	24.00	restablecimiento hora normal
1919	6 abril	23.00	adelanto 1 hora	6 octubre	24.00	restablecimiento hora normal
1920 a 1923, rige la hora legal sin ningún cambio						
1924	16 abril	23.00	adelanto 1 hora	4 octubre	24.00	restablecimiento hora normal
1925	rige la hora legal sin ningún cambio					
1926	17 abril	23.00	adelanto 1 hora	2 octubre	24.00	restablecimiento hora normal
1927	9 abril	23.00	adelanto 1 hora	1 octubre	24.00	restablecimiento hora normal
1928	14 abril	23.00	adelanto 1 hora	6 octubre	24.00	restablecimiento hora normal
1929	20 abril	23.00	adelanto 1 hora	6 octubre	24.00	restablecimiento hora normal
1930 a 1936, rige la hora legal sin ningún cambio						
1937	16 junio	23.00	adelanto 1 hora	6 octubre	24.00	restablec. hora normal (Z. R.)
1937	22 mayo	23.00	adelanto 1 hora	2 octubre	24.00	restablec. hora normal (Z. N.)
1938	2 abril	23.00				
	30 abril	23.00	adelanto otra hora	2 octubre	24.00	se suprime 1 hora. Queda otra de adelanto (Z. R.)
1938	26 marzo	23.00	adelanto 1 hora	1 octubre	24.00	restablec. hora normal (Z. N.)
1939	hasta el 1 de abril en que se restablece el horario normal, rige 1 hora de adelanto (Z. R.)					
1939	15 abril	23.00	adelanto 1 hora	7 octubre	24.00	restablec. hora normal (Z. N.)
1940	16 marzo	23.00	se adelanta permanentemente, hasta hoy, 1 hora			
1942	2 mayo	23.00	adelanto 1 hora (total 2)	1 sept.	24.00	se suprime 1 h. Queda 1 h de adelanto
1943	17 abril	23.00	adelanto 1 hora (total 2)	2 octubre	24.00	se suprime 1 h. Queda 1 h de adelanto
1944	15 abril	23.00	adelanto 1 hora (total 2)	1 octubre	24.00	se suprime 1 h. Queda 1 h de adelanto
1945	14 abril	23.00	adelanto 1 hora (total 2)	30 sept.	24.00	se suprime 1 h. Queda otra de adelanto
1946	13 abril	23.00	adelanto 1 hora (total 2)	28 sept.	24.00	se suprime 1 h. Queda otra de adelanto
1949	30 abril	23.00	adelanto 1 hora (total 2)	2 octubre	24.00	se suprime 1 h. Queda 1 h de adelanto (hasta 1974)
1974	13 abril	23.00	adelanto 1 hora (total 2)	6 octubre	1.00	se suprime 1 h. Queda 1 h de adelanto
1975	12 abril	23.00	adelanto 1 hora (total 2)	4 octubre	24.00	se suprime 1 h. Queda 1 h de adelanto
1976	27 marzo	23.00	adelanto 1 hora (total 2)	25 sept.	24.00	se suprime 1 h. Queda 1 h de adelanto

Z. R., zona republicana. Z. N., zona nacional.

1977	2 abril	23.00	adelanto 1 hora (total 2)	24 sept.	24.00	se suprime 1 h. Queda 1 h de adelanto
1978	2 abril	23.00	adelanto 1 hora (total 2)	1 octubre	3.00	se suprime 1 h. Queda 1 h de adelanto
1979	1 abril	2.00	adelanto 1 hora (total 2)	30 sept.	3.00	se suprime 1 h. Queda 1 h de adelanto
1980	6 abril	2.00	adelanto 1 hora (total 2)	28 sept.	3.00	se suprime 1 h. Queda 1 h de adelanto
1981	29 marzo	2.00	adelanto 1 hora (total 2)	27 sept.	3.00	se suprime 1 h. Queda 1 h de adelanto
1982	28 marzo	2.00	adelanto 1 hora (total 2)	26 sept.	3.00	se suprime 1 h. Queda 1 h de adelanto
1983	27 marzo	2.00	adelanto 1 hora (total 2)	25 sept.	3.00	se suprime 1 h. Queda 1 h de adelanto
1984	24 marzo	2.00	adelanto 1 hora (total 2)	30 sept.	3.00	se suprime 1 h. Queda 1 h de adelanto
1985	31 marzo	2.00	adelanto 1 hora (total 2)	29 sept.	3.00	se suprime 1 h. Queda 1 h de adelanto
1986	23 marzo	3.00	adelanto 1 hora (total 2)	28 sept.	3.00	se suprime 1 h. Queda 1 h de adelanto
1987	22 marzo	3.00	adelanto 1 hora (total 2)	27 sept.	3.00	se suprime 1 h. Queda 1 h de adelanto
1988	19 marzo	3.00	adelanto 1 hora (total 2)	24 sept.	3.00	se suprime 1 h. Queda 1 h de adelanto
1989	19 marzo	3.00	adelanto 1 hora (total 2)	23 sept.	3.00	se suprime 1 h. Queda 1 h de adelanto
1990	17 marzo	3.00	adelanto 1 hora (total 2)	23 sept.	3.00	se suprime 1 h. Queda 1 h de adelanto
1991	17 marzo	3.00	adelanto 1 hora (total 2)	27 sept.	3.00	se suprime 1 h. Queda 1 h de adelanto
1992	14 marzo	3.00	adelanto 1 hora (total 2)	27 sept.	3.00	se suprime 1 h. Queda 1 h de adelanto
1993	20 marzo	3.00	adelanto 1 hora (total 2)	26 sept.	3.00	se suprime 1 h. Queda 1 h de adelanto
1994	20 marzo	3.00	adelanto 1 hora (total 2)	25 sept.	3.00	se suprime 1 h. Queda 1 h de adelanto
1995	26 marzo	3.00	adelanto 1 hora (total 2)	24 sept.	3.00	se suprime 1 h. Queda 1 h de adelanto
1996	24 marzo	3.00	adelanto 1 hora (total 2)	22 sept.	3.00	se suprime 1 h. Queda 1 h de adelanto
1997	23 marzo	3.00	adelanto 1 hora (total 2)	28 sept.	3.00	se suprime 1 h. Queda 1 h de adelanto
1998	22 marzo	3.00	adelanto 1 hora (total 2)	27 sept.	3.00	se suprime 1 h. Queda 1 h de adelanto
1999	21 marzo	3.00	adelanto 1 hora (total 2)	26 sept.	3.00	se suprime 1 h. Queda 1 h de adelanto
2000	25 marzo	2.00	adelanto 1 hora (total 2)	24 sept.	3.00	se suprime 1 h. Queda 1 h de adelanto
2001	25 marzo	2.00	adelanto 1 hora (total 2)	23 sept.	3.00	se suprime 1 h. Queda 1 h de adelanto
2002	31 marzo	2.00	adelanto 1 hora (total 2)	27 oct.	3.00	se suprime 1 h. Queda 1 h de adelanto
2003	30 marzo	2.00	adelanto 1 hora (total 2)	26 oct.	3.00	se suprime 1 h. Queda 1 h de adelanto
2004	28 marzo	2.00	adelanto 1 hora (total 2)	31 oct.	3.00	se suprime 1 h. Queda 1 h de adelanto
2005	27 marzo	2.00	adelanto 1 hora (total 2)	30 oct.	3.00	se suprime 1 h. Queda 1 h de adelanto
2006	26 marzo	2.00	adelanto 1 hora (total 2)	29 oct.	3.00	se suprime 1 h. Queda 1 h de adelanto
2007	26 marzo	2.00	adelanto 1 hora (total 2)	28 oct.	3.00	se suprime 1 h. Queda 1 h de adelanto
2008	30 marzo	2.00	adelanto 1 hora (total 2)	25 oct.	3.00	se suprime 1 h. Queda 1 h de adelanto

En las islas Canarias, desde el 1 de marzo de 1922, a las 00.00 horas, rige el horario del Meridiano 15 Oeste.

TABLA PARA LA BÚSQUEDA DE LA HORA SIDERAL											
Día	**En.**	**Feb.**	**Mar.**	**Abr.**	**May.**	**Jun.**	**Jul.**	**Ag.**	**Sept.**	**Oct.**	**Nov.**	**Dic.**
1	6.36	8.38	10.33	12.36	14.33	16.36	18.34	20.37	22.39	0.37	2.39	4.38
2	6.40	8.42	10.37	12.40	14.37	16.40	18.38	20.41	22.43	0.41	2.43	4.42
3	6.44	8.46	10.40	12.44	14.41	16.43	18.42	20.45	22.47	0.45	2.47	4.46
4	6.48	8.50	10.44	12.48	14.45	16.47	18.46	20.49	22.51	049	2.51	4.50
5	6.52	8.54	10.48	12.52	14.49	16.51	18.50	20.53	22.55	0.53	2.55	4.54
6	6.56	8.58	10.52	12.55	14.53	16.55	18.54	20.57	22.59	0.57	2.59	4.57
7	7.00	9.02	10.56	12.58	14.57	16.59	18.58	21.00	23.03	1.01	3.03	5.01
8	7.04	9.06	11.00	13.02	15.01	17.03	19.02	21.04	23.07	1.05	3.07	5.05
9	7.08	9.10	11.04	13.06	15.05	17.07	19.06	21.08	23.11	1.09	3.11	5.09
10	7.12	9.14	11.08	13.10	15.09	17.11	19.10	21.12	23.14	1.13	3.15	5.13
11	7.15	9.18	11.12	13.15	15.13	17.15	19.14	21.16	23.18	1.17	3.19	5.17
12	7.19	9.22	11.16	13.18	15.17	17.19	19.18	21.20	23.22	1.21	3.23	5.21
13	7.23	9.26	11.20	13.22	15.21	17.23	19.22	21.24	23.26	1.25	3.27	5.25
14	7.27	9.30	11.24	13.26	15.24	17.27	19.26	21.28	23.30	1.29	3.31	5.29
15	7.31	9.33	11.28	13.30	15.28	17.31	19.30	21.32	23.34	1.32	3.35	5.33
16	7.35	9.37	11.32	13.34	15.32	17.34	19.34	21.36	23.38	1.36	3.39	5.37
17	7.39	9.41	11.36	13.38	15.36	17.38	19.38	21.40	23.42	1.40	3.43	5.41
18	7.43	9.45	11.40	13.42	15.40	17.42	19.42	21.44	23.46	1.44	3.47	5.45
19	7.47	9.49	11.44	13.46	15.44	17.46	19.46	21.48	23.50	1.48	3.50	5.49
20	7.51	9.53	11.48	13.50	15.48	17.50	19.49	21.52	23.54	1.52	3.54	5.53
21	7.55	9.57	11.52	13.54	15.52	17.54	19.53	21.56	23.58	1.56	3.58	5.57
22	7.59	10.01	11.55	13.58	15.56	17.58	19.57	22.00	0.02	2.00	4.02	6.01
23	8.03	10.05	11.58	14.02	16.00	18.02	20.02	22.04	0.06	2.04	4.06	6.05
24	8.07	10.09	12.02	14.06	16.04	18.06	20.06	22.08	0.10	2.06	4.10	6.09
25	8.11	10.13	12.06	14.10	16.08	18.10	20.10	22.12	0.14	2.12	4.14	6.13
26	8.15	10.17	12.10	14.14	16.12	18.14	20.14	22.16	0.18	2.16	4.18	6.17
27	8.19	10.21	12.14	14.18	16.16	18.18	20.18	22.20	0.23	2.20	4.22	6.21
28	8.23	10.25	12.18	14.22	16.20	18.22	20.22	22.24	0.26	2.24	4.26	6.24
29	8.26	10.29	12.22	14.26	16.24	18.26	20.26	22.27	0.30	2.28	4.30	6.28
30	8.30		12.26	14.29	16.28	18.30	20.30	22.31	0.34	2.32	4.34	6.32
31	8.34		12.30		16.32		20.33	22.35		2.36		6.36

TABLA DE COORDENADAS DE LAS PRINCIPALES CIUDADES DE ESPAÑA

Ciudad	Latitud	Longitud	Ciudad	Latitud	Longitud
ALBACETE	39° 00'	− 7' 25"	LINARES	38° 06'	− 14' 32"
ALCUDIA	39° 52'	+ 11' 36"	LOGROÑO	42° 28'	− 9' 47"
ALGECIRAS	36° 09'	− 21' 52"	LORCA	37° 41'	− 6' 48"
ALICANTE	38° 20'	− 1' 56"	LUGO	43° 01'	− 30' 14"
ALMERÍA	36° 50'	− 9' 52"	MADRID	40° 24'	− 14' 44"
ANDORRA			MAHÓN	39° 50'	+ 17' 12"
LA VELLA	42° 30'	+ 6' 00"	MÁLAGA	36° 43'	− 17' 41"
ÁVILA	40° 39'	− 18' 47"	MANACOR	39° 34'	+ 12' 53"
BADAJOZ	38° 53'	− 27' 53"	MANRESA	41° 44'	+ 7' 20"
BARCELONA	41° 23'	+ 8' 44"	MARBELLA	36° 30'	− 19' 36"
BILBAO	43° 15'	− 11' 42"	MIERES	43° 15'	− 23' 04"
BURGOS	42° 20'	− 14' 49"	MURCIA	37° 59'	− 4' 31"
CÁCERES	39° 28'	− 25' 29"	ORENSE	42° 20'	− 31' 27"
CADAQUÉS	42° 17'	+ 13' 08"	OVIEDO	43° 22'	− 23' 22"
CÁDIZ	36° 32'	− 25' 11"	PALENCIA	42° 00'	− 18' 08"
CALATAYUD	41° 20'	− 6' 40"	P. MALLORCA	39° 34'	+ 10' 36"
CARTAGENA	37° 38'	− 3' 55"	PAMPLONA	42° 49'	− 6' 36"
CASTELLÓN	39° 50'	− 0' 09"	PLASENCIA	40° 03'	− 24' 32"
CIUDAD REAL	38° 59'	− 15' 43"	PONFERRADA	42° 33'	− 26' 20"
C. RODRIGO	40° 36'	− 26' 08"	PONTEVEDRA	42° 26'	− 34' 35"
CÓRDOBA	37° 53'	− 19' 07"	SALAMANCA	40° 57'	− 22' 40"
CORUÑA	43° 23'	− 33' 34"	SAN SEBATIÁN	43° 19'	− 7' 56"
CUENCA	40° 04'	− 8' 32"	STA. CRUZ DE		
ÉIBAR	43° 11'	− 11' 52"	TENERIFE	28° 28'	− 1h 5' 57"
ELCHE	38° 15'	− 2' 48"	SANTIAGO DE		
FRAGA	41° 32'	− 1' 24"	COMPOSTELA	42° 52'	− 34' 12"
FUERTEVENTURA	28° 30'	− 56' 00"	SANTANDER	43° 28'	− 15' 13"
GERONA	41° 59'	+ 11' 18"	SEGOVIA	40° 57'	− 16' 30"
GIJÓN	43° 32'	− 22' 48"	SEVILLA	37° 23'	− 23' 58"
GOMERA	28° 10'	− 1h 08 ' 20"	SORIA	41° 46'	− 9' 52"
GRANADA	37° 11'	− 14' 24"	TARRAGONA	41° 07'	+ 5' 02"
GUADALAJARA	40° 38'	− 12' 39"	TERUEL	40° 20'	− 4' 26"
HIERRO	27° 57'	− 1h 11' 44"	TOLEDO	39° 51'	− 16' 05"
HUELVA	37° 16'	− 27' 47"	TORTOSA	40° 49'	+ 2' 04"
HUESCA	42° 08'	− 1' 38"	TUDELA	42° 04'	− 6' 24"
IBIZA	38° 54'	+ 5' 44"	VALENCIA	39° 28'	− 1' 30"
JAÉN	37° 46'	− 15' 09"	VALLADOLID	41° 39'	− 18' 53"
LA PALMA	25° 40'	− 1h 11' 20"	VIELLA	42° 42'	+ 3' 16"
LANZAROTE	29° 00'	− 54' 40"	VIGO	42° 18'	− 34' 44"
LAS PALMAS G.C.	28° 06'	− 1 h 01' 40"	VITORIA	42° 51'	− 10' 42"
LEÓN	42° 36'	− 22' 16"	ZAMORA	41° 30'	− 23' 01"
LÉRIDA	41° 37'	+ 2' 30"	ZARAGOZA	41° 34'	− 3' 31"

La carta astral de nacimiento

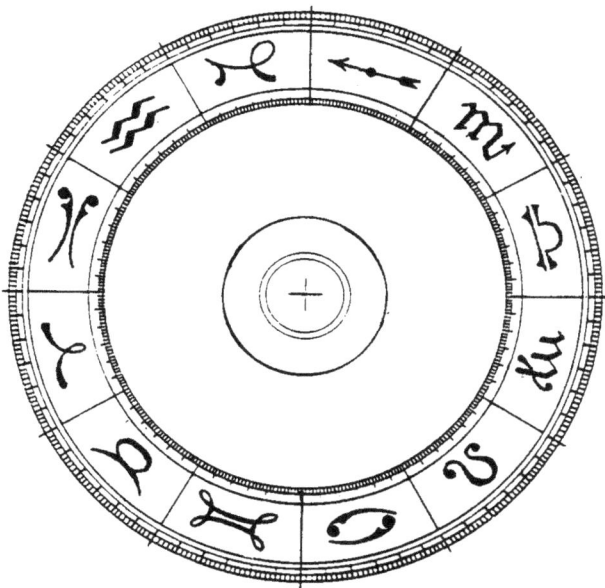

Fig. 1

El tema natal u horóscopo de nacimiento, consiste en representar mediante una gráfica, el cielo tal como se presentaba en el momento del nacimiento de una persona. El gráfico en blanco representa un círculo que a lo largo de la circunferencia muestra las 12 subdivisiones, de 30° cada una, de los signos del zodiaco (véase fig. 1).

Como vemos, los signos están representados mediante un símbolo particular llamado glifo: es necesario aprender a reconocer estos símbolos puesto que en todos los cuadros y las tablas utilizadas en astrología, los signos están indicados sólo mediante estas figuras.

ARIES ♈	LIBRA ♎
TAURO ♉	ESCORPIO ♏
GÉMINIS ♊	SAGITARIO ♐
CÁNCER ♋	CAPRICORNIO ♑
LEO ♌	ACUARIO ♒
VIRGO ♍	PISCIS ♓

Los datos necesarios para la redacción del tema natal son siempre: fecha, hora y lugar de nacimiento. Lo primero que se calcula es el ascendente, como se explica en el capítulo anterior; luego se realiza la domificación completa, que como recordamos consiste en la subdivisión del gráfico zodiacal en 12 sectores (las Casas), de las que el ascendente delimita el primer sector. Algo todavía más importante es que el ascendente representa uno de los cuatro puntos cardinales del tema: el oriente, puesto que se levanta en el horizonte en el momento del nacimiento. Diametralmente opuesto al ascendente es el descendente, que representa el ocaso y señala la VII Casa. El ascendente y el descendente forman un eje que delimita la línea del horizonte y subdivide el gráfico en dos partes iguales: la superior es el sector diurno del tema, y una concentración de planetas en esta parte señala una personalidad independiente, preparada para salir a la luz, para manifestarse en la vida exterior.

La mitad del gráfico que queda colocada bajo la línea del horizonte representa el sector nocturno del tema, y una prevalencia de planetas en este sector predispone a una mayor introversión, a una vida interior rica.

Recordamos que, de la misma forma que siguiendo la banda zodiacal la sucesión de los signos sigue un único sentido antihorario, también en la carta del cielo el ascendente se coloca siempre a la izquierda del gráfico, haciendo girar el círculo hasta que se encuentra en la posición correcta (véase fig. 2).

El punto más elevado del gráfico zodiacal es el Medio Cielo, que corresponde al sur del tema, que señala la X Casa: El Medio Cielo representa la realización del individuo, su proceder en la vida de forma autónoma. Opuesto al Medio Cielo se encuentra el Profundo Cielo, el norte del tema, que indica la IV Casa: los orígenes, el hogar y las raíces del individuo.

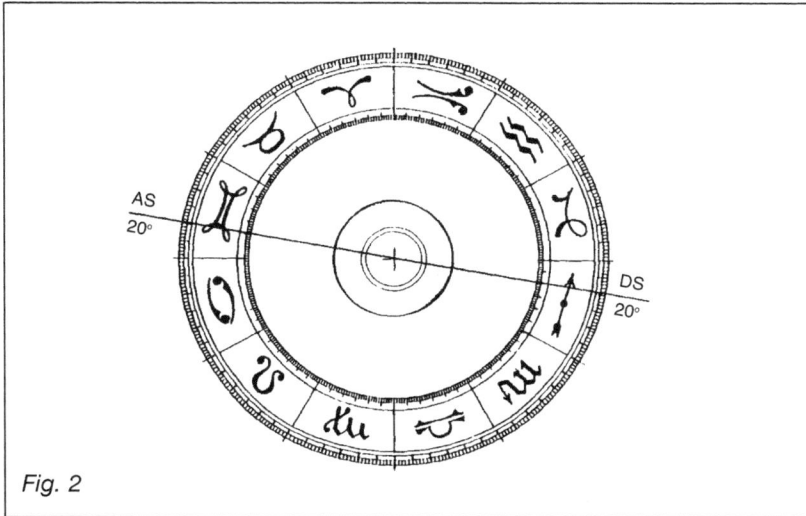

Fig. 2

El eje Medio Cielo - Profundo Cielo divide verticalmente el gráfico en dos partes iguales: la izquierda, si está reforzada por la presencia de muchos planetas, es señal de individualismo; si los planetas están dispuestos en mayoría en la mitad de la derecha, denotan mayor generosidad, extroversión y necesidad de los demás (véase fig. 3).

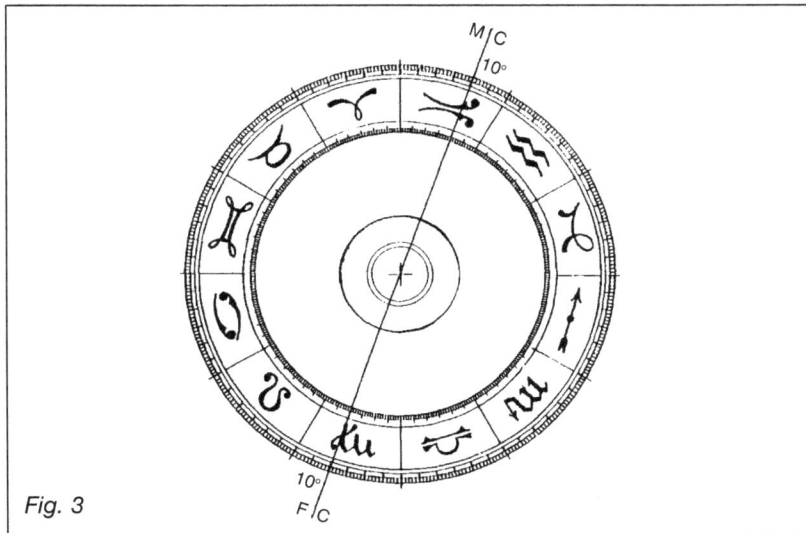

Fig. 3

Para efectuar la domificación, cuando ya dispongamos del tiempo sideral de nacimiento, es necesario disponer de una tabla de las Casas, un librito que muestra todas las posiciones de las Casas para las distintas latitudes geográficas[1]. Además, es necesario conocer la latitud del lugar de nacimiento, localizable en muchos manuales de astrología (escoger el de la propia capital de provincia). Para proseguir con el ejemplo anterior, será suficiente saber que la latitud de Burgos es de 42° 06'. El tiempo sideral de nacimiento calculado en el capítulo anterior era de 9 h 47 min. Por comodidad se habían omitido los segundos: pero ahora hay que ser más precisos; por lo tanto, es necesario completar el cálculo indicando los segundos, que nos había proporcionado la longitud en tiempo. El tiempo sideral exacto será por lo tanto 9 h 47 min 49 s. El cuadro de la página 63 reproduce una página de las tablas de las Casas, para la latitud más cercana, entre las disponibles, a la latitud de Burgos (42° 20').

En la columna titulada «Sidereal Time» se tiene que buscar el tiempo sideral más cercano al que examinamos (9 h 47 min 49 s). En este caso el tiempo sideral más cercano es de 9 h 49 min 09 s. (Estas pequeñas diferencias no deben preocuparnos: no siempre se encuentra un tiempo sideral idéntico al que se necesita, pero la diferencia es siempre mínima y no altera el resultado.)

Las siguientes columnas se titulan 10, 11, 12, ascend., 2, 3. Estas son las Casas cuya posición proporciona la tabla. Debajo del título se muestra el símbolo del signo en el que cada Casa cae respectivamente: se tiene que prestar particular atención a estos símbolos, que pueden variar incluso a lo largo de la columna cuando pasa los 30°. Los números indicados en las columnas señalan los grados del signo en el que cae la Casa. Después de localizar el tiempo sideral necesario, sobre la misma línea se encuentran las posiciones de las Casas. Para el ejemplo en cuestión se tiene:

10 Casa (Medio Cielo):	25° Leo
11 Casa:	27° Virgo
12 Casa:	23° Libra
Ascend (I Casa):	14° 16' Escorpio
2 Casa:	14° Sagitario
3 Casa:	18° Capricornio

1. Las ediciones que se encuentran más fácilmente son: *Raphael's Tables of Houses*; Chacornac, *Tables des Maisons*, Ed. Traditionnelles, París; *A-P Tables of Houses*, *The Aries Press*, Chicago; Ciro Discepolo, *Le Tavole delle Case*, Ed. Armenia.

TABLAS DE LAS CASAS — latitud 42° 42' N

Tablas superiores

Tiempo sideral (H M S)	10 ♈	11 ♉	12 ♊	Ascend. ♋	2 ♌	3 ♍
0 0 0	0	7	16	20° 10'	9	1
0 3 40	1	8	17	20° 55'	10	2
0 7 20	2	9	18	21° 39'	11	3
0 11 0	3	10	19	22° 23'	12	4
0 14 41	4	11	20	23° 7'	12	5
0 18 21	5	12	21	23° 51'	13	6
0 23 2	6	13	22	24° 35'	14	7
0 25 42	7	14	23	25° 19'	15	7
0 29 23	8	15	24	26° 2'	15	8
0 33 4	9	16	24	26° 46'	16	9
0 36 45	10	17	25	27° 29'	17	10
0 40 26	11	18	26	28° 13'	18	11
0 44 8	12	19	27	28° 57'	18	12
0 47 50	13	20	28	29° 41'	19	13
0 51 32	14	21	29	0° ♌ 24'	20	14
0 55 14	15	22	30	1° 7'	21	14
0 58 57	16	23	♋	1° 51'	21	15
1 2 40	17	24	1	2° 34'	22	16
1 6 23	18	25	2	3° 17'	23	17
1 10 7	19	26	3	4° 1'	24	18
1 13 51	20	27	4	4° 44'	25	19
1 17 35	21	28	5	5° 28'	25	20
1 21 20	22	29	6	6° 12'	26	21
1 25 6	23	♊	6	6° 55'	27	22
1 28 52	24	1	7	7° 39'	28	23
1 32 38	25	2	8	8° 23'	29	23
1 36 25	26	3	9	9° 6'	29	24
1 40 12	27	4	10	9° 50'	♍	25
1 44 0	28	5	11	10° 34'	1	26
1 47 48	29	6	11	11° 18'	2	27
1 51 37	30	7	12	12° 2'	3	28

Tiempo sideral (H M S)	10 ♉	11 ♊	12 ♋	Ascend. ♌	2 ♍	3 ♎
1 51 37	0	7	12	12° 2'	3	28
1 55 27	1	8	13	12° 47'	3	29
1 59 17	2	9	14	13° 31'	4	♎
2 3 8	3	10	15	14° 15'	5	1
2 6 59	4	11	15	14° 59'	6	2
2 10 51	5	12	16	15° 44'	7	3
2 14 44	6	13	17	16° 28'	7	3
2 18 37	7	14	18	17° 13'	8	4
2 22 31	8	15	19	17° 58'	9	5
2 26 25	9	17	20	18° 43'	10	6
2 30 20	10	16	20	19° 29'	11	7
2 34 16	11	17	21	20° 14'	12	8
2 38 13	12	18	22	20° 59'	12	9
2 42 10	13	19	23	21° 44'	13	10
2 46 8	14	20	24	22° 30'	14	11
2 50 7	15	21	25	23° 16'	15	12
2 54 7	16	22	25	24° 2'	16	13
2 58 7	17	23	26	24° 48'	17	14
3 2 8	18	24	27	25° 35'	18	15
3 6 9	19	25	28	26° 21'	18	16
3 10 12	20	26	29	27° 7'	19	17
3 14 15	21	27	♌	27° 54'	20	18
3 18 19	22	28	1	28° 41'	21	19
3 22 23	23	29	1	29° 28'	22	20
3 26 29	24	30	2	0° ♍ 15'	23	21
3 30 35	25	♋	3	1° 3'	24	22
3 34 41	26	1	4	1° 50'	25	23
3 38 49	27	2	5	2° 38'	25	24
3 42 57	28	3	6	3° 25'	26	24
3 47 6	29	4	7	4° 13'	27	25
3 51 15	30	5	7	5° 1'	28	26

Tiempo sideral (H M S)	10 ♊	11 ♋	12 ♌	Ascend. ♍	2 ♎	3 ♏
3 51 15	0	5	7	5° 1'	28	26
3 55 25	1	6	8	5° 50'	29	27
3 59 36	2	7	9	6° 39'	♎	28
4 3 48	3	8	10	7° 27'	1	29
4 8 0	4	9	11	8° 16'	2	♏
4 12 13	5	10	12	9° 4'	3	1
4 16 26	6	11	13	9° 53'	3	2
4 20 40	7	12	14	10° 42'	4	3
4 24 55	8	13	15	11° 31'	5	4
4 29 10	9	14	15	12° 21'	6	5
4 33 26	10	15	16	13° 11'	7	6
4 37 42	11	16	17	14° 0'	8	7
4 41 59	12	17	18	14° 50'	9	8
4 46 16	13	18	19	15° 40'	10	9
4 50 34	14	19	20	16° 30'	11	10
4 54 52	15	20	21	17° 20'	12	11
4 59 10	16	20	22	18° 10'	13	12
5 3 29	17	21	22	19° 0'	14	13
5 7 49	18	22	23	19° 50'	15	14
5 12 9	19	23	24	20° 41'	15	15
5 16 29	20	24	25	21° 32'	16	16
5 20 49	21	25	26	22° 22'	17	17
5 25 9	22	26	27	23° 13'	18	18
5 29 30	23	27	28	24° 4'	19	19
5 33 51	24	28	29	24° 55'	20	20
5 38 12	25	29	♏	25° 45'	21	21
5 42 34	26	♌	1	26° 36'	22	22
5 46 55	27	1	2	27° 27'	23	23
5 51 17	28	2	2	28° 18'	24	24
5 55 38	29	3	3	29° 9'	25	25
6 0 0	30	4	4	30° 0'	26	26

Tablas inferiores

Tiempo sideral (H M S)	10 ♋	11 ♌	12 ♍	Ascend. ♎	2 ♏	3 ♐
6 0 0	0	4	4	0° 0'	26	26
6 4 22	1	5	5	0° 51'	27	27
6 8 43	2	6	6	1° 42'	28	28
6 13 5	3	7	7	2° 33'	28	29
6 17 26	4	8	8	3° 24'	29	♐
6 21 48	5	9	9	4° 15'	♏	1
6 26 9	6	10	10	5° 5'	1	2
6 30 30	7	11	11	5° 56'	2	3
6 34 51	8	12	12	6° 47'	3	4
6 39 11	9	13	13	7° 38'	4	5
6 43 31	10	14	14	8° 28'	5	6
6 47 51	11	15	15	9° 19'	6	7
6 52 11	12	16	15	10° 9'	7	8
6 56 31	13	17	16	11° 0'	8	9
7 0 50	14	18	17	11° 50'	8	10
7 5 8	15	19	18	12° 40'	9	10
7 9 26	16	20	19	13° 30'	10	11
7 13 44	17	21	20	14° 20'	11	12
7 18 1	18	22	21	15° 10'	12	13
7 22 18	19	23	22	16° 0'	14	14
7 26 34	20	24	23	16° 49'	14	15
7 30 50	21	25	24	17° 39'	15	16
7 35 5	22	26	25	18° 29'	15	17
7 39 20	23	27	26	19° 18'	16	18
7 43 34	24	28	27	20° 7'	17	18
7 47 47	25	29	27	20° 56'	18	20
7 52 0	26	♍	28	21° 44'	19	21
7 56 12	27	1	29	22° 33'	20	22
8 0 24	28	2	♎	23° 21'	21	23
8 4 35	29	3	1	24° 10'	22	24
8 8 45	30	4	2	24° 59'	23	25

Tiempo sideral (H M S)	10 ♌	11 ♍	12 ♎	Ascend. ♎	2 ♏	3 ♐
8 8 45	0	4	2	24° 59'	23	25
8 12 54	1	5	3	25° 47'	23	26
8 17 3	2	6	4	26° 35'	24	27
8 21 11	3	6	5	27° 22'	25	28
8 25 19	4	7	5	28° 9'	26	29
8 29 26	5	8	6	28° 57'	27	♐
8 33 31	6	9	7	29° 45'	29	1
8 37 37	7	10	8	0° ♏ 32'	29	1
8 41 41	8	11	9	1° 19'	29	2
8 45 45	9	12	10	2° 6'	♐	3
8 49 48	10	13	11	2° 53'	1	4
8 53 51	11	14	12	3° 39'	2	5
8 57 52	12	15	12	4° 25'	3	6
9 1 53	13	16	13	5° 12'	4	7
9 5 53	14	17	14	5° 58'	5	8
9 9 53	15	18	15	6° 44'	6	9
9 13 52	16	19	16	7° 30'	6	10
9 17 50	17	20	17	8° 16'	7	11
9 21 47	18	21	18	9° 1'	8	12
9 25 44	19	22	18	9° 46'	9	13
9 29 40	20	23	19	10° 31'	10	14
9 33 35	21	24	20	11° 17'	10	15
9 37 29	22	25	21	12° 2'	11	15
9 41 23	23	26	22	12° 47'	12	16
9 45 16	24	27	23	13° 31'	13	17
9 49 9	25	27	23	14° 16'	14	18
9 53 1	26	28	24	15° 1'	15	19
9 56 52	27	29	25	15° 45'	15	20
10 0 42	28	♎	26	16° 29'	16	21
10 4 33	29	1	27	17° 13'	17	22
10 8 23	30	2	27	17° 58'	18	23

Tiempo sideral (H M S)	10 ♍	11 ♎	12 ♏	Ascend. ♏	2 ♐	3 ♑
10 8 23	0	2	27	17° 58'	18	23
10 12 12	1	3	28	18° 42'	19	24
10 16 0	2	4	29	19° 26'	19	25
10 19 48	3	5	♏	20° 10'	20	26
10 23 35	4	6	1	20° 54'	21	27
10 27 22	5	7	1	21° 37'	22	28
10 31 8	6	7	2	22° 21'	23	♑
10 34 54	7	8	3	23° 5'	23	1
10 38 40	8	9	4	23° 48'	24	1
10 42 25	9	10	5	24° 32'	25	2
10 46 9	10	11	5	25° 16'	26	3
10 49 53	11	12	6	25° 59'	27	4
10 53 37	12	13	7	26° 43'	28	5
10 57 20	13	14	8	27° 26'	29	6
11 1 3	14	15	9	28° 9'	♐	7
11 4 46	15	16	9	28° 52'	1	8
11 8 28	16	16	10	29° 36'	1	8
11 12 10	17	17	11	0° ♐ 19'	2	10
11 15 52	18	18	12	1° 3'	3	11
11 19 34	19	19	13	1° 47'	4	12
11 23 15	20	20	13	2° 31'	5	13
11 26 56	21	21	14	3° 14'	6	14
11 30 37	22	22	15	3° 58'	6	15
11 34 18	23	23	15	4° 41'	7	16
11 37 58	24	24	16	5° 24'	8	17
11 41 39	25	24	17	6° 9'	9	18
11 45 19	26	25	18	6° 50'	10	19
11 49 0	27	26	18	7° 37'	11	20
11 52 40	28	27	19	8° 21'	12	21
11 56 20	29	28	20	9° 5'	13	22
12 0 0	30	29	21	9° 50'	14	23

Se aconseja anotar estos datos sobre una hoja antes de representarlos sobre el gráfico para evitar tener que repetir varias veces la consulta de la tabla.

Las tablas proporcionan la posición de seis Casas sólo, porque cada una cuenta con otra diametralmente opuesta, que se sitúa en el mismo grado del signo opuesto. Al representar las posiciones de las Casas sobre el gráfico, esto resulta evidente y muy sencillo.

Antes de dibujar las líneas que delimitan las Casas, es necesario colocar el gráfico en la posición correcta, haciéndolo girar hasta que el signo correspondiente al ascendente se encuentre a la izquierda. En nuestro caso es el signo de Escorpio el que se debe colocar a la izquierda. Utilizando una regla, se puede dibujar la línea del ascendente, que partirá de los 14° 16' del Escorpio (el gráfico está graduado para ello) y atravesando el centro del círculo acabará en los 14° 16' de Tauro, signo opuesto al Escorpio: de esta forma se habrá señalado también el descendente. Puesto que se trata de una línea que tiene una gran importancia, se tiene que resaltar alargándola más allá de la circunferencia. Con el mismo sistema se dibuja la línea del eje Medio Cielo - Profundo Cielo que partirá de los 25° de Leo (X Casa) y llegará a los 25° de Acuario (IV Casa). También esta línea tiene que resaltarse como la anterior. Con el mismo sistema se tienen que dibujar las Casas 11 y 5 (27° de Virgo - 27° de Piscis), 12 y 6 (23° de Libra - 23° de Aries), 2 y 8 (14° de Sagitario - 14° de Géminis), 3 y 9 (18° de Capricornio - 18° de Cáncer). Pero estas líneas no es necesario resaltarlas, tienen que acabarse en el borde interno de la circunferencia.

A estas alturas, la domificación está completa: para terminar esta parte del trabajo será suficiente con señalar el número de cada Casa en el espacio correspondiente, recordando que se tienen que utilizar los números romanos para la I, la IV, la VII y la X Casa: las delimitadas por los ejes ascendente-descendente, Medio Cielo-Profundo Cielo, que reciben el nombre de Casas cardinales puesto que señalan los cuatro sectores fundamentales (o cuadrantes) del tema.

La fig. 4 de la página siguiente muestra cómo se presenta el gráfico al final de esta fase de trabajo.

La persona que posee las tablas de las Casas podrá realizar la misma operación para construir su tema y señalar las posiciones de las Casas sobre la ficha astrológica personal en la pág. 48.

La segunda fase del trabajo de construcción del tema astral consiste en reproducir en el gráfico subdividido de esta forma, las posiciones que tenían los planetas en el momento de producirse el nacimiento. Para realizar esto es necesario disponer de las ya citadas

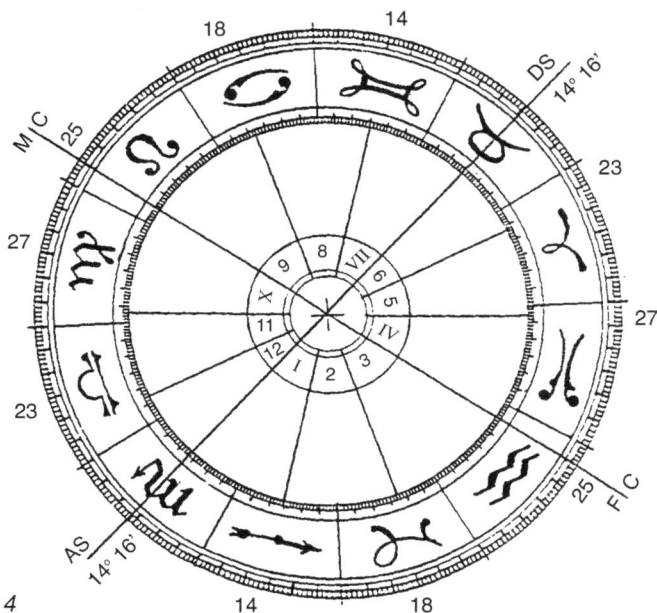

NACIMIENTO OCURRIDO EN BURGOS
EL 15 DE JUNIO DE 1970 - A LAS 17,30 HORAS (HORA OFICIAL)

Fig. 4

efemérides[2], un instrumento indispensable para el astrólogo, que proporciona las longitudes de todos los planetas en los signos, especificados en grados, minutos y segundos. En las págs. 66 y 67 se presenta una versión de una tabla de efemérides, relativa al periodo que se examina para nuestro ejemplo (mes de junio de 1970). Antes de realizar la consulta, recordamos que los signos se representan mediante los símbolos anteriormente ilustrados; también los planetas se representan con su símbolo gráfico, que ilustraremos uno por uno.

Así pues, empezaremos examinando las efemérides.

2. Las ediciones que se encuentran más fácilmente son: *The Rosacruciam Ephemeris 1900-2000*, Int. Ed. Maison Rosacrucienne (para las horas 00.00); Neil. F. Michelsen, *The American Ephemeris 1900-2000*, Ed. Astro Computing Services (para las horas 00.00); Barth, *Die Deutsche Ephemeride* (decenal, para las horas 00.00); *Raphael's Ephemeris*, Ed. Foulsham & Co. (anuales, para las horas 12.00).

EFEMÉRIDES RELATIVAS A JUNIO DE **1970**					
Fecha	*Tiempo sideral*	☉	☽	☿	♀
	h min s	° ′ ″	° ′ ″	° ′ ″	° ′ ″
1 Lu	16 36 15	10♊05 42	2♉13 19	16♉40 8	11♋17 0
2 Ma	16 40 12	11 03 13	15 37 14	17 24 5	12 28 7
3 Mi	16 44 08	12 00 43	28 49 22	18 12 0	13 40 4
4 Ju	16 48 05	12 58 12	11♊48 14	19 03 2	14 52 1
5 Vi	16 52 01	13 55 40	24 32 42	19 57 9	16 03 7
6 Sa	16 55 58	14 53 08	7♋02 26	20 56 1	17 15 2
7 Do	16 59 55	15 50 34	19 18 08	21 57 8	18 26 7
8 Lu	17 03 51	16 47 59	1♌21 35	23 02 8	19 38 1
9 Ma	17 07 48	17 45 23	13 15 41	24 11 0	20 49 5
10 Mi	17 11 44	18 42 46	25 04 22	25 22 5	22 00 8
11 Ju	17 15 41	19 40 08	6♍52 16	26 37 1	23 12 1
12 Vi	17 19 37	20 37 29	18 44 35	27 54 9	24 23 3
13 Sa	17 23 34	21 34 49	0♎46 46	29 15 7	25 34 4
14 Do	17 27 31	22 32 08	13 04 10	0 ♊39 7	26 45 5
15 Lu	17 31 27	23 29 26	25 41 35	2 06 6	27 56 5
16 Ma	17 35 24	24 26 43	8♏42 44	3 36 5	29 07 4
17 Mi	17 39 20	25 24 00	22 09 38	5 09 4	0♌18 4
18 Ju	17 43 17	26 21 15	6♐02 03	6 45 3	1 29 0
19 Vi	17 47 13	27 18 31	20 17 09	8 24 1	2 39 8
20 Sa	17 51 10	28 15 46	4♑49 37	10 05 9	3 50 4
21 Do	17 55 06	29 13 00	19 32 25	11 50 4	5 01 0
22 Lu	17 59 03	0♋10 14	4♒17 49	13 37 8	6 11 5
23 Ma	18 03 00	1 07 27	18 58 45	15 27 9	7 21 9
24 Mi	18 06 56	2 04 41	3♓29 41	17 20 7	8 32 3
25 Ju	18 10 53	3 01 54	17 47 03	19 16 1	9 42 5
26 Vi	18 14 49	3 59 07	1♈49 09	21 13 9	10 52 8
27 Sa	18 18 46	4 56 20	15 35 42	23 14 0	12 02 9
28 Do	18 22 42	5 53 34	29 07 14	25 16 3	13 12 9
29 Lu	18 26 39	6 50 47	12♉24 36	27 20 4	14 22 9
30 Ma	18 30 35	7♋48 00	25 28 37	29♊26 4	15♌32 8

♂			♃			♄			♅			♆			♇		
°	'	"	°	'	"	°	'	"	°	'	"	°	'	"	°	'	"
29♊08		9	26♎R48		9	15♉R47		0	4♎R42		8	29♏R13		8	24♍R40		8
29	48	7	26	45	1	15	54	3	4	42	2	29	12	2	24	40	7
0♋28		4	26	41	4	16	01	5	4	41	7	29	10	6	24	40	6
1	08	1	26	37	9	16	08	7	4	41	2	29	09	0	24	40	6
1	47	7	26	34	5	16	15	8	4	40	8	29	07	5	24	40	5
2	27	4	26	31	3	16	22	9	4	40	4	29	05	9	24	40	6
3	07	0	26	28	3	16	30	0	4	40	1	29	04	4	24	40	6
3	46	6	26	25	5	16	37	1	4	39	9	29	02	8	24	40	7
4	26	1	26	22	8	16	44	1	4	39	6	29	01	3	24	40	4
5	05	6	26	20	3	16	51	0	4	39	5	29	59	8	24	40	9
5	45	1	26	18	0	16	58	0	4	39	4	28	58	3	24	41	1
6	24	6	26	15	9	17	04	9	4	39	3	28	56	8	24	41	3
7	04	0	26	13	9	17	11	7	4	39	4	28	55	3	24	41	5
7	43	4	26	12	2	17	18	5	4	39	4	28	53	9	24	41	8
8	22	8	26	10	6	17	25	3	4	39	5	28	52	4	24	42	1
9	02	1	26	09	1	17	32	0	4	39	7	28	51	0	24	42	4
9	41	4	26	07	9	17	38	6	4	39	9	28	49	6	24	42	8
10	20	7	26	06	8	17	45	3	4	40	2	28	48	2	24	43	2
11	00	0	26	06	0	17	51	8	4	40	5	28	46	8	24	43	6
11	39	2	26	05	3	17	58	4	4	40	9	28	45	4	24	44	1
12	18	4	26	04	8	18	04	8	4	41	3	28	44	1	24	44	6
12	57	6	26	04	4	18	11	3	4	41	8	28	42	8	24	45	1
13	36	8	26	04	3	18	17	6	4	42	3	28	41	4	24	45	7
14	15	9	26	04	3	18	23	9	4	42	9	28	40	1	24	46	3
14	55	1	26	04	5	18	30	2	4	43	6	28	39	9	24	46	9
15	34	2	26	04	8	18	36	4	4	44	3	28	37	6	24	47	5
16	13	2	26	05	4	18	42	6	4	45	0	28	36	4	24	48	2
16	52	3	26	06	1	18	48	7	4	45	8	28	35	1	24	48	9
17	31	3	26	07	0	18	54	7	4	46	7	28	33	9	24	49	7
18♋10		4	26♎08		1	19♉00		7	4♎47		6	28♏32		8	24♍50		4

Empezando por la izquierda, la primera columna cita el día del mes y de la semana. La segunda columna, titulada «tiempo sideral», proporciona la hora sideral para las horas 00.00 del día que se considera, que como se ve corresponde con el tiempo sideral proporcionado en el cuadro de la pág. 57, una tabla resumida y que por lo tanto no es exacta al segundo. Recordaremos que la hora sideral sirve para efectuar la domificación. (La mayor parte de las efemérides que se encuentran en las librerías proporcionan la hora sideral y las longitudes de los planetas para las horas 00.00, pero en algunas ediciones se proporcionan para las horas 12.00: de todos modos, en cada edición se especifica claramente el horario al que se refieren los datos.) Es importante recordar que las horas 00.00 (o 12.00) se entienden para el tiempo del meridiano de Greenwich: por lo tanto, para los cálculos es necesario utilizar la hora de nacimiento (en el ejemplo las 17 h 30 min), oportunamente corregida mediante la resta de una hora de huso y de otra hora posterior en el caso de hora oficial estival. Para el ejemplo en cuestión, la hora que se debe tener en consideración corresponde por lo tanto con las 16 h 30 min.

En la tercera columna se cita la longitud del Sol (símbolo gráfico: ☉). Para no complicar las cosas con muchos cálculos, será suficiente tener como válida esta posición para los nacimientos anteriores a las horas 12 y redondearla al grado superior para los nacimientos posteriores a las horas 12. En nuestro caso, la posición del Sol se encuentra a 24° de Géminis, que se anotará en una hoja como todas las siguientes.

La cuarta columna da la longitud de la Luna (símbolo gráfico: ☽). El satélite terrestre es el astro que se desplaza con mayor velocidad y por lo tanto su posición cambia mucho día a día, como media un grado cada 2 horas; para determinar su posición con una buena aproximación tenemos que hacer lo siguiente: la longitud de la Luna para las horas 00.00 del día tomado como ejemplo (15 de junio) es de 25° 41' 35" en Libra. El horario de nacimiento corregido es el de 16 h 30 min. En este intervalo de tiempo la Luna se habrá desplazado unos 8° 15' (la mitad de 16 h y 30 min). Eliminando los segundos por comodidad, tendremos: 25° 41' + 8° 15' = 33° 56'. Pero este resultado necesita una corrección: de hecho, cada signo consta de 30° y, cuando la longitud de un planeta supera, como sucede en este caso, los 30°, significa que el astro ha pasado al signo siguiente. En nuestro caso la posición de la Luna es de 3° 56' en Escorpio (signo que sigue a Libra).

La quinta columna cita la longitud de Mercurio (símbolo gráfico: ☿). La longitud de Mercurio para las horas 00.00 del día 15 es de 2° 06' en Géminis.

La sexta columna cita la longitud de Venus (símbolo gráfico: ♀). La longitud de Venus para las horas 00.00 del día 15 es de 27° 56' en Cáncer.

La séptima columna da la longitud de Marte (símbolo gráfico: ♂). La longitud de Marte para las horas 00.00 del día 15 es de 8° 22' en Cáncer.

Para obtener la posición precisa de estos tres planetas, los más rápidos después de la Luna, para la hora de nacimiento, es necesario efectuar la interpolación, es decir la corrección de la longitud según el movimiento diario del astro en ese periodo.

Existen tablas especiales para facilitar este cálculo, que de todos modos no es necesario explicar con detalle en este libro: para empezar será suficiente dar como válida la posición de los planetas para las horas 00.00.

La octava columna muestra la longitud de Júpiter (símbolo gráfico: ♃). La longitud de Júpiter para las horas 00.00 del día 15 es de 26° 10' en Libra. En la primera línea de esta columna encontramos, cerca de la indicación del signo zodiacal, una R: sirve para indicar que el planeta está en fase de movimiento retrógrado, es decir, está recorriendo hacia atrás la banda zodiacal.

Esta particularidad se tiene que señalar, añadiendo una R cerca de la posición del planeta.

La novena columna proporciona la longitud de Saturno (símbolo gráfico: ♄). La longitud de Saturno para las horas 00.00 del día 15 es de 17° 25' en Tauro.

La décima columna muestra la longitud de Urano (símbolo gráfico: ♅ o ♅). La longitud de Urano para las horas 00.00 del día 15 es de 4° 39' en Libra.

También en la primera línea de esta columna aparece la R que señala la fase de movimiento retrógrado; pero más adelante aparece una D, que indica que el planeta ha retomado el movimiento directo y no se anota por lo tanto nada de particular.

La onceava columna da la longitud de Neptuno (símbolo gráfico: ♆). La longitud de Neptuno para las horas 00.00 del día 15 es de 28° 52' en Escorpio (en fase de movimiento retrógrado).

La doceava columna muestra la longitud de Plutón (símbolo gráfico: ♇). La longitud de Plutón para las horas 00.00 del día 15 es de 24° 42' en Virgo.

A estas alturas, se señalarán en el gráfico las posiciones de los planetas (véase fig. 5).

El gráfico natal está completo de esta forma y muestra la posición de los planetas en los signos y en las Casas.

Quien posea las efemérides podrá, después de haber obtenido las posiciones planetarias relativas al propio horóscopo, representarlas en la ficha astrológica personal de la pág. 48. Para los que no dispongan de efemérides, en las págs. 83-94 se muestran las tablas resumen con las posiciones de los planetas Júpiter, Saturno, Urano, Neptuno y Plutón. Para los planetas más rápidos, Mercurio, Venus y Marte, en cambio, es indispensable hacer referencia a las efemérides.

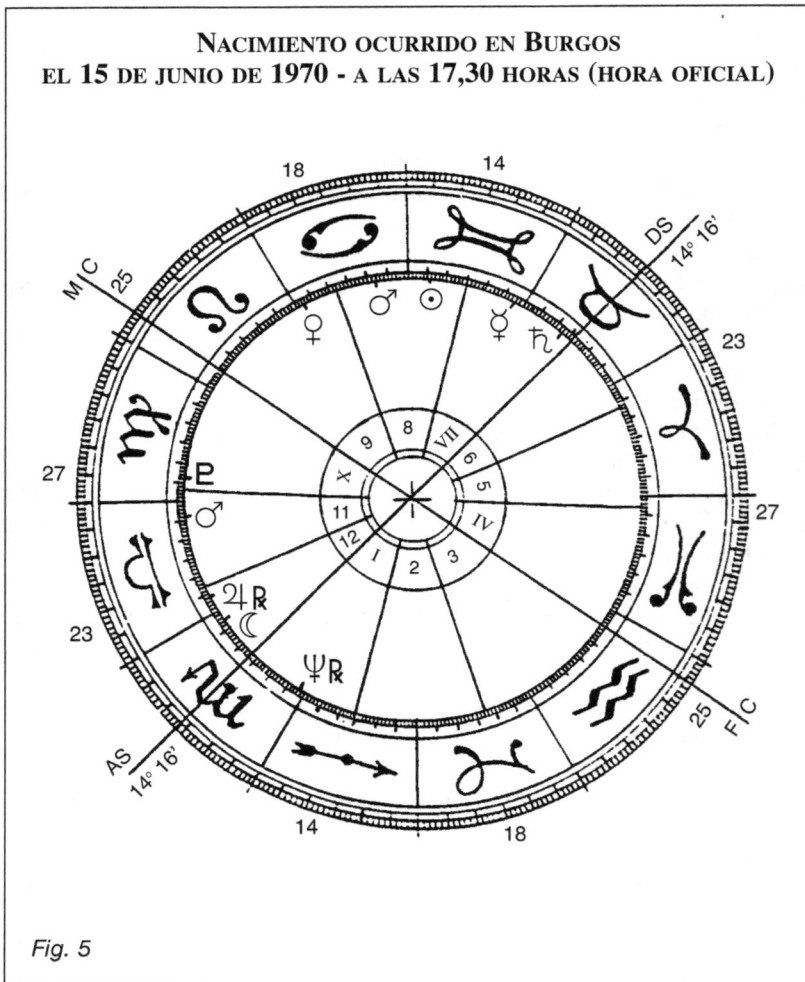

NACIMIENTO OCURRIDO EN BURGOS
EL 15 DE JUNIO DE 1970 - A LAS 17,30 HORAS (HORA OFICIAL)

Fig. 5

Significado de los planetas

Luna

Simboliza la esfera sensible-receptiva de la persona, la capacidad de imaginación, de asimilación y de intuición; en el plano del carácter, indica emotividad, predisposición a la impresionabilidad, a la inquietud o a la melancolía, pero también al talento, la fantasía y al capricho. Regula además las reacciones individuales a la multiplicidad de las situaciones externas y por lo tanto a la adaptabilidad; representa el cambio de las circunstancias, la gente, la muchedumbre; regula las cualidades mágicas no explicables racionalmente, la atracción más íntima y secreta, las premoniciones y los dones extrasensoriales.

La Luna representa la unión con la figura materna, la imagen de la propia madre que uno lleva consigo; en los temas de mujeres indica el tipo de feminidad, las expectativas emotivas y la forma de comportarse en relación con el otro sexo; en temas masculinos representa la consideración por la mujer, la imagen femenina más deseada. La Luna se une además con la familia y con el ambiente doméstico, con la infancia de la persona: su posición en el tema indica si subsisten inseguridades o infantilismos que se remontan a las primeras experiencias de la vida y al apego con la familia; indica la necesidad de protección, la pasividad, el desinterés, la influenciabilidad, la capacidad de insertarse más o menos armoniosamente en las corrientes de la vida, la sociabilidad, la cordialidad, la disponibilidad, el candor, la confianza, la necesidad de compañía y de apoyo.

Cuando se encuentra en posición dominante en el tema astral, la Luna determina un carácter inestable, con inclinaciones a la pereza física y al desasosiego psíquico; fantasioso e inspirado, el individuo

	En.	Feb.	Mar.	Abr.	May.	Jun.	Jul.	Ag.	Sept.	Oct.	Nov.	Dic.

TABLA -A- PARA BUSCAR LA POSICIÓN DE LA LUNA

	En.	Feb.	Mar.	Abr.	May.	Jun.	Jul.	Ag.	Sept.	Oct.	Nov.	Dic.
1920	2,7	6,4	8,1	11,8	14,4	18,1	20,8	24,5	0,8	3,5	7,2	9,9
1921	13,5	17,2	17,9	21,6	24,3	0,6	3,3	7,0	10,7	13,3	17,0	19,7
1922	23,4	27,0	0,4	4,1	6,8	10,4	13,1	16,8	20,5	23,2	26,8	2,2
1923	5,9	9,5	10,2	13,9	16,6	20,3	22,9	26,6	3,0	5,6	9,3	12,0
1924	15,7	19,4	21,0	24,7	0,1	3,8	6,4	10,1	13,8	16,5	20,1	22,8
1925	26,5	2,9	3,5	7,2	9,9	13,6	16,3	19,9	23,6	26,3	2,6	5,3
1926	9,0	12,7	13,4	17,0	19,7	23,4	26,1	2,4	6,1	8,8	12,5	15,1
1927	18,8	22,5	23,2	26,9	2,2	5,9	8,6	12,2	15,9	18,6	22,3	25,0
1928	1,3	5,0	6,7	10,4	13,0	16,7	19,4	23,1	26,7	2,1	5,8	8,5
1929	12,1	15,8	16,5	20,2	22,9	26,5	1,9	5,6	9,2	11,9	15,6	18,3
1930	22,0	25,6	26,3	2,7	5,3	9,0	11,7	15,4	19,1	21,7	25,4	0,8
1931	4,5	8,1	8,8	12,5	15,2	18,8	21,5	25,2	1,6	4,2	7,9	10,6
1932	14,3	18,0	19,6	23,3	26,0	2,3	5,0	8,7	12,4	15,1	18,7	21,4
1933	25,1	1,5	2,1	5,8	8,5	12,2	14,8	18,5	22,2	24,9	1,2	3,9
1934	7,6	11,3	11,9	15,6	18,3	22,0	24,7	1,0	4,7	7,4	11,1	13,7
1935	17,4	21,1	21,8	25,4	0,8	4,5	7,2	10,8	14,5	17,2	20,9	23,6
1936	27,2	3,6	5,3	8,9	11,6	15,3	18,0	21,7	25,3	0,7	4,4	7,1
1937	10,7	14,4	15,1	18,8	21,4	25,1	0,5	4,2	7,8	10,5	14,2	16,9
1938	20,5	24,2	24,9	1,3	3,9	7,6	10,3	14,0	17,7	20,3	24,0	26,7
1939	3,0	6,7	7,4	11,1	13,8	17,4	20,1	23,8	0,2	2,8	6,5	9,2
1940	12,9	16,5	18,2	21,9	24,6	0,9	3,6	7,3	11,0	13,6	17,3	20,0
1941	23,7	0,0	0,7	4,4	7,1	10,8	13,4	17,1	20,8	23,5	27,1	2,5
1942	6,2	9,9	10,5	14,2	16,9	20,6	23,3	26,9	3,3	6,0	9,6	12,3
1943	16,0	19,7	20,4	24,0	26,7	3,1	5,8	9,4	13,1	15,8	19,5	22,1
1944	25,8	2,2	3,9	7,5	10,2	13,9	16,6	20,2	23,9	26,6	3,0	5,6
1945	9,3	13,0	13,7	17,4	20,0	23,7	26,4	2,7	6,4	9,1	12,8	15,5
1946	19,1	22,8	23,5	27,2	2,5	6,2	8,9	12,6	16,2	18,9	22,6	25,3
1947	1,6	5,3	6,0	9,7	12,4	16,0	18,7	22,4	26,1	1,4	5,1	7,8
1948	11,5	15,1	16,8	20,5	23,2	26,8	2,2	5,9	9,6	12,2	15,9	18,6
1949	22,3	26,0	26,6	3,0	5,7	9,3	12,0	15,7	19,4	22,1	25,7	1,1
1950	4,8	8,5	9,1	12,8	15,5	19,2	21,8	25,5	1,9	4,6	8,2	10,9
1951	14,6	18,3	18,9	22,6	25,3	1,7	4,3	8,0	11,7	14,4	18,1	20,7
1952	24,4	0,8	2,4	6,1	8,8	12,5	15,2	18,8	22,5	25,2	1,6	4,2
1953	7,9	11,6	12,3	15,9	18,6	22,3	25,0	1,3	5,0	7,7	11,4	14,1
1954	17,7	21,4	22,1	25,8	1,1	4,8	7,5	11,2	14,8	17,5	21,2	23,9

TABLA -A- PARA BUSCAR LA POSICIÓN DE LA LUNA											
En.	**Feb.**	**Mar.**	**Abr.**	**May.**	**Jun.**	**Jul.**	**Ag.**	**Sept.**	**Oct.**	**Nov.**	**Dic.**
1955	0,2	3,9	4,6	8,3	10,9	14,6	17,3	21,0	24,7	0,0	3,7	6,4
1956	10,0	13,7	15,4	19,1	21,8	25,4	0,8	4,5	8,2	10,8	14,5	17,2
1957	20,9	24,5	25,2	1,6	4,3	7,9	10,6	14,3	18,0	20,7	24,3	27,0
1958	3,4	7,0	7,7	11,4	14,1	17,8	20,4	24,1	0,5	3,1	6,8	9,5
1959	13,2	16,9	17,5	21,2	23,9	0,3	2,9	6,6	10,3	13,0	16,6	19,3
1960	23,0	26,7	1,0	4,7	7,4	11,1	13,8	17,4	21,1	23,8	0,1	2,8
1961	6,5	10,2	10,9	14,5	17,2	20,9	23,6	27,2	3,6	6,3	10,0	12,6
1962	16,3	20,0	20,7	24,4	27,0	3,4	6,1	9,7	13,4	16,1	19,8	22,5
1963	26,1	2,5	3,2	6,9	9,5	13,2	15,9	19,6	23,2	25,9	2,3	5,0
1964	8,6	12,3	14,0	17,7	20,4	24,0	26,7	3,1	6,7	9,4	13,1	15,8
1965	19,5	23,1	23,8	0,2	2,8	6,5	9,2	12,9	16,6	19,2	22,9	25,6
1966	2,0	5,6	6,3	10,0	12,7	16,3	19,0	22,7	26,4	1,7	5,4	8,1
1967	11,8	15,5	16,1	19,8	22,5	26,2	1,5	5,2	8,9	11,6	15,2	17,9
1968	21,6	25,3	27,0	3,3	6,0	9,7	12,3	16,0	19,7	22,4	26,1	1,4
1969	5,1	8,8	9,4	13,1	15,8	19,5	22,2	25,8	2,2	4,9	8,6	11,2
1970	14,9	18,6	19,3	22,9	25,6	2,0	4,7	8,3	12,0	14,7	18,4	21,1
1971	24,7	1,1	1,8	5,4	8,1	11,8	14,5	18,2	21,8	24,5	0,9	3,5
1972	7,2	10,9	12,6	16,3	18,9	22,6	25,3	1,7	5,3	8,0	11,7	14,4
1973	18,0	21,7	22,4	26,1	1,4	5,1	7,8	11,5	15,2	17,8	21,5	24,2
1974	0,5	4,2	4,9	8,6	11,3	14,9	17,6	21,3	25,0	0,3	4,0	6,7
1975	10,4	14,0	14,7	18,4	21,1	24,8	0,1	3,8	7,5	10,1	13,8	16,5
1976	20,2	23,9	25,5	1,9	4,6	8,3	10,9	14,6	18,3	21,0	24,6	0,0
1977	3,7	7,4	8,0	11,7	14,4	18,1	20,8	24,4	0,8	3,5	7,1	9,8
1978	13,5	17,2	17,9	21,5	24,2	0,6	3,3	6,9	10,6	13,3	17,0	19,6
1979	23,3	27,0	0,4	4,0	6,7	10,4	13,1	16,7	20,4	23,1	26,8	2,1
1980	5,8	9,5	11,2	14,9	17,5	21,2	23,9	0,2	3,9	6,6	10,3	13,0
1981	16,6	20,3	21,0	24,7	0,0	3,7	6,4	10,1	13,7	16,4	20,1	22,8
1982	26,5	2,8	3,5	7,2	9,8	13,5	16,2	19,9	23,6	26,2	2,6	5,3
1983	9,0	12,6	13,3	17,0	19,7	23,3	26,0	2,4	6,1	8,7	12,4	15,1
1984	18,8	22,5	24,1	0,5	3,2	6,8	9,5	13,2	16,9	19,6	23,2	25,9
1985	2,3	6,0	6,6	10,3	13,0	16,7	19,3	23,0	26,7	2,1	5,7	8,4
1986	12,1	15,8	16,4	20,1	22,8	26,5	1,8	5,5	9,2	11,9	15,6	18,2
1987	21,9	25,6	26,3	2,6	5,3	9,0	11,7	15,3	19,0	21,7	25,4	0,7
1988	4,4	8,1	9,8	13,4	16,1	19,8	22,5	16,2	2,5	5,2	8,9	11,6
1989	15,2	18,9	19,6	23,3	25,9	2,3	5,0	8,7	12,3	15,0	18,7	21,4

huye de los esquematismos de la racionalidad, sigue su humor y sus intuiciones y se muestra imprevisible y caprichoso; es bastante sensible y posee una vida interior muy rica.

Cómo encontrar la posición de la Luna

La luna es el astro que se mueve con mayor velocidad por la banda zodiacal, cambiando de signo cada 60 horas aproximadamente; si no se dispusiera de las efemérides, resultaría difícil conocer en qué signo se encontraba en el momento del nacimiento este planeta tan importante en la definición de la personalidad básica.

Las tablas A y B permiten encontrar el signo por el que transitaba la Luna en una fecha determinada.

En la tabla A se buscará el año de nacimiento y el mes; en el punto de encuentro de la columna y la fila se encontrará un número que se sumará al día del nacimiento. El resultado de esta suma se tiene que buscar en la tabla B: el signo zodiacal en el que está incluida esta cifra es el signo en el que se encontraba la Luna en esa fecha.

Ejemplo: nacimiento que ha tenido lugar el 17 de julio de 1987. Para el mes de julio de 1987 el número que se encuentra en la intersección es el 11,7. Sumándolo al día de nacimiento, se obtiene: 11,7 + 17 = 28,7. Consultando la tabla B se descubre que la Luna estaba en Aries. Siguiendo este ejemplo podrá apuntar el dato relativo a su Luna en la ficha astrológica personal de la pág. 48.

TABLA -B- PARA BUSCAR LA POSICIÓN DE LA LUNA					
0	Aries	2,7	32,3	Géminis	34,6
2,7	Tauro	5	34,6	Cáncer	36,9
5	Géminis	7,3	36,9	Leo	39,2
7,7	Cáncer	9,6	39,2	Virgo	41,2
9,6	Leo	11,8	41,2	Libra	43,7
11,8	Virgo	14,1	43,7	Escorpio	46
14,1	Libra	16,4	46	Sagitario	48,3
16,4	Escorpio	18,7	48,3	Capricornio	50,5
18,7	Sagitario	20,9	50,5	Acuario	52,8
20,9	Capricornio	23,2	52,8	Piscis	55,1
23,2	Acuario	25,2	55,1	Aries	57,4
25,2	Piscis	27,8	57,4	Tauro	59,6
27,8	Aries	30	59,6	Géminis	61,9
30	Tauro	32,3	61,9	Cáncer	—

MERCURIO   VENUS   MARTE

Después del Sol y la Luna, estos tres planetas son fundamentales para determinar los rasgos más característicos de la personalidad, dibujando las líneas esenciales del «retrato» astral.

A causa de la frecuente variación de sus posiciones zodiacales, no es posible insertar las tablas sinópticas relativas, pero se calculan basándose en las efemérides (véase nota de la pág. 65). Luego podrá incluir las posiciones sobre su ficha astrológica personal de la pág. 48.

Mercurio

Representa el contacto entre el individuo y el mundo basado en el conocimiento, en la actividad cerebral y, por lo tanto, en las facultades intelectuales: las capacidades de percepción y de valoración, la observación, la versatilidad mental, la rapidez de reflejos, la curiosidad, la perspicacia, la ingeniosidad, la comprensión y la reelaboración de ideas y conceptos. En otras palabras, Mercurio gobierna la inteligencia, el pensamiento, indica las dotes expresivas y la mentalidad de la persona más allá de las implicaciones emotivas o sentimentales. Mercurio gobierna además la comunicación de las ideas y por lo tanto la palabra y los escritos; indica las capacidades de aprender y de transmitir de nuevo a los demás las informaciones asimiladas. Planeta del movimiento y de la vitalidad, está asociado además a los viajes y a los desplazamientos, a los medios de transporte y de comunicación; también las relaciones sociales están influenciadas por Mercurio, que determina la diplomacia, la capacidad de adaptación mental, la astucia y el oportunismo. En el tema astral representa las relaciones con los hermanos y las hermanas, con los coetáneos y con los hijos; está relacionado con la juventud, con la adolescencia, en el plano del carácter y componente de alegría, despreocupación y humor.

Cuando en el tema astral, Mercurio se encuentra colocado en posición dominante, en la personalidad destacan la curiosidad, la agudeza mental y el alejamiento racional: la persona tiene la inaplazable exigencia de conocer, pero también de expresarse, de decir lo que piensa, a menudo con ironía cortante y espíritu crítico, a veces incluso con una vena polémica. Nervioso, rápido en las reacciones, a veces disperso, tiene una habilidad particular para arreglárselas en los ambientes más variados, sabe ser convincente y persuasivo haciéndose apreciar por su vitalidad y su frescura siempre juvenil; es locuaz y cultiva numerosas relaciones sociales. Tiene mucho sentido para los negocios y un talento intelectual a menudo acusado.

Venus

Gobierna la esfera del sentimiento y del placer, los contactos afectivos de la persona con el mundo exterior y las gratificaciones que recibe de él. Representa, por lo tanto, la capacidad de amar en el sentido más amplio: el tipo de afectividad y de expresión de los propios sentimientos, el grado de altruismo, de disponibilidad a la implicación afectiva; pero también la sensibilidad por todo lo que es bonito, agradable, armonioso y la capacidad de gozar de ello con sereno hedonismo. Venus representa la paz, la conciliación, la comprensión basada en el amor: por lo tanto, es muy importante para hacer más fluida y armoniosa la vida social, para prometer éxitos y simpatías. Se trata, de hecho, de un elemento fundamental de la atracción personal, no sólo bajo el aspecto físico: determina la sensualidad, la cualidad de saber suscitar comprensión y atracción.

La vida amorosa está particularmente influenciada por Venus, que indica no sólo la disposición sentimental, sino también sus gustos y sus expectativas, la forma de colocarse frente a la pareja y de manifestarle su amor y fidelidad. Desde la posición de Venus en el tema astral se pueden obtener indicaciones acerca de la vida sentimental: los ambientes más agradables para los encuentros afectivos, las uniones más prometedoras, posibles problemáticas en la relación de pareja o a nivel sexual.

Venus indica además el gusto estético, el talento artístico, las cualidades creativas.

Cuando el planeta está en posición dominante en el tema natal, determina un temperamento sociable, simpático y amable; la persona es sensible pero poco trabajadora, prefiere el placer al compromiso, pero a menudo se siento favorecida por las circunstancias, por el apoyo y la simpatía del prójimo; Venus recibe el nombre de la *pequeña fortuna* y protege bondadosamente a los nativos situados bajo su influencia, que saben hacerse querer y también disfrutar de las alegrías de la vida.

Marte

Representa la carga agresiva que necesita el individuo para introducirse activamente en el mundo, para superar los obstáculos e imponer su personalidad. Por lo tanto, es símbolo de energía y acción: indica el espíritu de afirmación, la fuerza de voluntad, la vitalidad con la que la persona afronta las circunstancias de la vida; su fuerza se expresa con impulso instintivo, impetuoso, despojado de constricciones, determinando el atrevimiento y el coraje, estimulando la combatividad, la competición y el antagonismo. En cuanto al carácter, Marte indica la independencia, las tendencias directivas y autoritarias, el dinamismo, el entusiasmo, pero también el espíritu de rebelión, la irascibilidad. Según la posición en el tema astral, la energía marciana puede desembocar en imprudencia, provocar actitudes bruscas e irreflexivas, volverse destructiva y violenta; o cuando la carga activa y vital se ve bloqueada, puede causar frustraciones, desánimo, incapacidad para actuar de forma incisiva. La influencia de Marte es muy importante para determinar la capacidad de realización práctica del individuo, puesto que mide la fuerza personal a través de la acción directa.

El astro representa además la vitalidad física y la predisposición hacia el deporte, los contrastes y las luchas con los demás, los incidentes y los golpes; en un tema específicamente femenino indica la figura del amante, del marido, la imagen masculina por la que la mujer se siente más atraída; en el tema de un hombre representa su propia virilidad.

Una posición dominante de Marte en el tema natal denota un temperamento impulsivo, dinámico, rápido en las decisiones y en las acciones, autónomo, llevado a imponerse por la fuerza y por lo tanto poco dotado de tacto y sensibilidad; confianza en sí mismo y buena voluntad favorecen éxitos brillantes, conseguidos gracias a intensos esfuerzos personales.

| JÚPITER | SATURNO | URANO | NEPTUNO | PLUTÓN |

Con Júpiter se inician los planetas más lentos, que tienen una influencia más global sobre la personalidad, orientándola, basándose en las características expresadas por los planetas rápidos que hemos visto anteriormente. De la pág. 83 a la pág. 94 tenemos las tablas sinópticas con las posiciones zodiacales de estos planetas para todo el siglo XX, subdivididas por signos. Un nativo de Aries, por ejemplo, sólo debe consultar la tabla titulada con su propio signo para descubrir dónde se encontraban todos los planetas lentos en el momento del nacimiento. Sus posiciones se podrán incluir luego en la ficha astrológica personal de la pág. 48.

Júpiter

Júpiter representa la inserción de la persona en el mundo, las posibilidades de éxito y aprobación social, la capacidad de disfrutar serenamente de las oportunidades que ofrece la vida; la inclinación al optimismo, a la extroversión, al hedonismo, a una actitud sociable y afable que permite facilitar la existencia a través de una solución sencilla y pacífica de los problemas. El atributo de Júpiter de «astro de la fortuna» es por decirlo de alguna forma el resumen de sus características: una buena posición de Júpiter en el horóscopo hace que la vida sea más feliz porque suaviza las dificultades, favorece la expresión y el reconocimiento de las cualidades personales, inspira confianza en sí mismo y en el prójimo, inclina a la paz y a la satisfacción; la riqueza moral se confirma incluso en el plano material y se determina de esta forma la importancia del planeta en relación con la realización financiera y social. Júpiter inspira la euforia y el entusiasmo que llevan al hombre a abrirse, a manifestarse con franca sinceridad e íntima seguridad, respetando siempre las reglas y las convenciones que gobiernan la vida en común; lealtad, sentido del honor y un sano respeto por las tradiciones son las cualidades propias del planeta. Júpiter mide además la generosidad y la capacidad de apreciar los placeres más consistentes de la vida, determinando el gusto por la comodidad, la holgura y el bienestar.

Una colocación dominante del planeta en el tema astral atribuye un temperamento amable, benévolo, moral, que cosecha fácilmente simpatías y acuerdos y normalmente no debe realizar grandes esfuerzos para afirmarse en la existencia; completan el cuadro sentido común, sabiduría y un poco de paternalismo.

Saturno

Simboliza el aspecto racional de la inserción en la existencia: la consciencia de las adversidades y por lo tanto de los aspectos difíciles de la vida, la prudencia y la desconfianza necesarias para defenderse, el compromiso en la superación de los obstáculos, distanciado de implicaciones sentimentalistas. Se trata del planeta de la seriedad y del rigor de juicio, de la introversión y de la soledad: sitúa a la persona frente a los aspectos menos agradables de la existencia, la pone a prueba midiendo su grado de autosuficiencia; invita a la sobriedad y a la parsimonia en el uso de los propios recursos, impone cautela y reserva en los contactos con el prójimo, organiza y estructura la voluntad para hacerla tenaz y constructiva, infunde fuerza de ánimo y resistencia moral. Significa los conceptos del deber y la responsabilidad, Saturno lleva consigo la fama de planeta maléfico: en realidad es un componente indispensable en la madurez de la persona, que debe saber enfrentarse con la pura realidad. Saturno enseña a reconocer apasionadamente la realidad de los hechos, a mantener las distancias de un compromiso excesivamente emotivo que impediría un juicio imparcial y una tutela eficaz de los propios intereses; apaga el entusiasmo, enfría los arrebatos, impone renuncias pero refuerza las ambiciones, dando la medida de lo que la persona está dispuesta a sacrificar para alcanzar sus objetivos. Es símbolo de estoicismo, de sensatez, de autoridad y severidad, de las capacidades de coordinación y planificación, de intransigencia, dureza y tenacidad.

La presencia de un Saturno dominante en el tema determina una personalidad seria, controlada y responsable; la persona es desconfiada, reservada, inclinada hacia el pesimismo y el escepticismo, pero sabe imponerse una línea de conducta coherente y precisa, que la sitúa en condiciones de afirmarse en el tiempo, superando incluso dificultades relevantes.

Urano

Es el primero de los planetas *modernos*, es decir descubiertos con el uso de instrumentos ópticos, cuya existencia era desconocida para nuestros antepasados.

Representa la fuerza de decisión, la voluntad que escoge y se manifiesta de forma drástica, resolviendo las situaciones desde la raíz; está asociado a la rapidez, al impulso fulgurante, a los acontecimientos imprevistos y su energía se expresa como reacción inmediata a los estímulos, como resorte, rapidez de reflejos, y gran velocidad de acción.

Urano proporciona la chispa que enciende la voluntad individual y la lleva a manifestarse mediante una acción impulsiva, súbita, concentrada sobre el resultado inmediato y por lo tanto, eficazmente resolutiva; representa la fuerza de renovación que hace emerger los problemas para resolverlos, eliminando las cosas superadas e inútiles; describe los cambios bruscos, las rupturas con el pasado, las novedades inesperadas, en definitiva, todo lo que interviene en la modificación radical del *statu quo.*

Urano estimula el espíritu de afirmación individual, sujetándolo con el útil instrumento del pragmatismo, del sentido de la oportunidad, de lo que es conveniente en el presente; inclina al alejamiento de las convenciones y de las consideraciones morales, suscita la habilidad inventiva, técnica y manual.

En el tema natal el astro indica cómo expresa la persona su propia individualidad, y además la capacidad de actuar de forma rápida e incisiva, ante la necesidad de tomar las riendas del propio destino mediante elecciones decisivas.

Cuando Urano está en posición dominante, da lugar a una personalidad original, independiente, decidida a demostrar su diversidad; el nativo tiene un carácter brusco, imprevisible, está inmerso en el presente, en el que vive a un ritmo rápido, preparado para advertir las exigencias de cambio y a sumergirse en la nueva realidad; a menudo su vida atraviesa drásticos cambios de rumbo.

Neptuno

Representa la disponibilidad del hombre para la transformación, el proceso de metamorfosis interior que refleja los cambios y la evolución que han tenido lugar en el planeta Tierra. Neptuno es un planeta *colectivo*, que pone al hombre en relación con el incesante cambio del mundo que lo rodea en todas sus multiplicidades, con todo lo que es desconocido, distinto, lejano, hasta llegar al plano de consciencia más elevado, el espiritual (se trata de hecho del planeta del misticismo y del espíritu religioso). Por lo tanto, plantea preguntas existenciales, suscita la inquietud que empuja hacia metas desconocidas, el deseo de ultrapasar las barreras de las reglas banales para llegar a una verdad más absoluta. En los casos más felices, Neptuno afina extraordinariamente la sensibilidad, enriquece la imaginación y muy a menudo estimula la creatividad y el sentido artístico, aporta intuición e inspiración genial. Pero la exigencia de cambiar, o de evadirse de la realidad, puede encontrar formas de expresión menos armoniosas. En ciertos casos, Neptuno puede inclinar al fanatismo religioso o político, o bien suscitar miedos irracionales, depresiones, y angustias existenciales. El planeta gobierna todo lo que es maravilloso y fantástico, y también la ilusión forma parte de su reino: bajo la influencia neptuniana puede resultar difícil distinguir nítidamente la realidad, el engaño y la desilusión pueden ocultarla como la niebla. Para aquellos que saben descifrar su lenguaje, Neptuno envía intuiciones iluminadoras, que guiarán el camino hacia el conocimiento. La persona caracterizada por una dominante neptuniana es tranquila, profunda, parece estar poco presente en la realidad, transportada por sus pensamientos; dotada de escaso sentido práctico, es sentimental, sociable, a veces sugestionable y meláncolica.

Plutón

Se trata del último planeta de nuestro sistema solar, descubierto por el hombre hace sólo sesenta años y por lo tanto aún relativamente «joven» en la tradición astrológica. Representa las fuerzas vitales más profundas y secretas de la persona, la capacidad de dar forma concreta a los recursos creativos que residen en cada uno de nosotros. Su influencia es muy lenta y puede parecer poco evidente porque opera a niveles muy profundos de la personalidad: se trata de una fuerza que plasma, transforma, destruye y recrea, y es fundamental para el equilibrio individual, porque gobierna la íntima satisfacción de sí mismo, vivida según los propios instintos y por lo tanto no necesariamente unida al éxito material, afectivo, etc. Como regulador de los principios vitales y creativos, Plutón está relacionado además con el sexo, actividad capaz de generar la vida: por lo tanto sirve para indicar de qué manera la persona vive esta parte de sí misma y los posibles problemas relacionados con el sexo. Además de la afirmación creadora de sí mismo, Plutón representa también la voluntad de potencia individual: cuando está liberada, sin inhibiciones, su fuerza secreta y misteriosa no sólo hace que el hombre sea más dueño de sí mismo, sino que puede estimular también la ambición de poder, de dominio sobre el prójimo y reforzar el magnetismo personal, la capacidad de persuasión y el exhibicionismo. En algunos casos se pueden producir manifestaciones narcisistas de la personalidad: tendencias histriónicas, egocentrismo desenfrenado, aventuras sexuales y falsedades intencionadas.

La posición de Plutón es a menudo muy importante para determinar ciertas frustraciones íntimas o complicaciones del carácter, que causan en la persona un sentimiento de falta de plenitud.

Una colocación dominante de Plutón en el tema astral confiere una personalidad muy intensa, inclinada a utilizar el poder del que está dotado dirigiendo a los demás en su propio beneficio.

En las tablas de las páginas siguientes están resumidas, subdivididas por signos, las posiciones zodiacales de los planetas lentos. Por ejemplo, el nacido en Aries podrá descubrir, consultando la relativa tabla, dónde se encontraban los planetas lentos en el momento de su nacimiento. De esta forma podrá completar con las posiciones encontradas la ficha personal de la pág. 48.

ARIES

Descubra aquí en qué signo se encontraban los planetas lentos el año de su nacimiento.

Plutón
del 1940 al 1957	: Leo
1958: Véase del 11/4	: Leo
del 1959 al 1971	: Virgo
del 1972 al 1983	: Libra
del 1984 al 1994	: Esc.
del 1995 al 2009	: Sag.
del 2009 al 2023	: Capr.

Neptuno
del 1917 al 1929	: Leo
del 1930 al 1942	: Virgo
1943: Lib. del 17/4	: Virgo
del 1944 al 1956	: Libra
del 1957 al 1969	: Esc.
del 1970 al 1983	: Sag.
del 1984 al 1997	: Capr.
del 1998 al 2012	: Ac.

Urano
del 1912-31/3/1919	: Ac.
del 1/4/19-30/3/27	: Piscis
del 31/3/27-27/3/35	: Aries
del 28/3/35-1942	: Tauro
del 1943 al 1949	: Gém.
del 1950 al 1956	: Cáncer
del 1957 al 1962	: Leo
del 1963 al 1968	: Virgo
del 1969 al 1974	: Libra
del 1975 al 1981	: Esc.
del 1982 al 1987	: Sag.
del 1988 al 31/3/95	: Capr.
del 1996 al 2003	: Ac.
del 2003 al 2011	: Piscis

Saturno
del 1911 al 25/3/13	: Tauro
del 26/3/13 al 1915	: Gém.
del 1916 al 1917	: Cáncer
del 1918 al 1919	: Leo
del 1920 al 1921	: Virgo
del 1922 al 1923	: Libra
1924: Esc. del 6/4	: Libra
del 1925 al 1926	: Esc.
del 1927 al 1928	: Sag.
del 1929 al 1931	: Capr.
del 1932 al 1934	: Ac.
del 1935 al 1937	: Piscis
del 1938 al 1939	: Aries
del 1940 al 1942	: Tauro
del 1943 al 1944	: Gém.
del 1945 al 1946	: Cáncer
del 1947 al 1948	: Leo
1949: Vir. del 31/4	: Leo
del 1950 al 1951	: Virgo
del 1952 al 1953	: Libra
del 1954 al 1955	: Esc.
del 1956 al 1958	: Sag.
del 1959 al 1961	: Capr.
del 1962 al 23/3/64	: Ac.
del 24/3/64 al 1966	: Piscis
del 1967 al 1969	: Aries
del 1970 al 1971	: Tauro
del 1972 al 17/4/74	: Gém.
del 18/4/74 al 1976	: Cáncer

del 1977 al 1978	: Leo
del 1979 al 1980	: Virgo
del 1981 al 1982	: Libra
del 1983 al 1985	: Esc.
del 1986 al 1987	: Sag.
del 1988 al 1990	: Capr.
del 1991 al 1993	: Ac.
del 1994 al 6/4/96	: Piscis
del 7/4/96 al 1998	: Aries
1999	: Tauro
del 1/3/99 al 20/4/01	: Géminis
del 20/4/01 al 22/4/05	: Cáncer
del 22/4/05 al 2/9/07	: Leo
del 2/9/07 al 29/10/09	: Virgo

Júpiter
1910	: Libra
1911	: Escorpio
1912	: Sagitario
1913	: Capricornio
1914	: Acuario
1915	: Piscis
1916	: Aries
1917	: Tauro
1918	: Géminis
1919	: Cáncer
1920	: Leo
1921	: Virgo
1922	: Libra
1923	: Escorpio
1924	: Sagitario
1925	: Capricornio
1926	: Acuario
1927	: Piscis
1928	: Aries
1929	: Tauro
1930	: Géminis
1931	: Cáncer
1932	: Leo
1933	: Virgo
1934	: Libra
1935	: Escorpio
1936	: Sagitario
1937	: Capricornio
1938	: Acuario
1939	: Piscis
1940	: Aries
1941	: Tauro
1942	: Géminis
1943	: Cáncer
1944	: Leo
1945	: Virgo
1946	: Libra
1947	: Escorpio
1948	: Sagitario
1949	: Capricornio
del 12/4	: Acuario
1950	: Acuario
1951	: Piscis
1952	: Aries
1953	: Tauro
1954	: Géminis
1955	: Cáncer
1956	: Leo
1957	: Virgo

1958	: Libra
1959	: Sagitario
1960	: Capricornio
1961	: Acuario
1962	: Acuario
del 25/3	: Piscis
1963	: Piscis
del 4/4	: Aries
1964	: Aries
del 12/4	: Tauro
1965	: Tauro
1966	: Géminis
1967	: Cáncer
1968	: Leo
1969	: Libra
del 30/3	: Virgo
1970	: Escorpio
1971	: Sagitario
1972	: Capricornio
1973	: Acuario
1974	: Piscis
1975	: Aries
1976	: Aries
del 26/3	: Tauro
1977	: Tauro
del 3/4	: Géminis
1978	: Géminis
del 12/4	: Cáncer
1979	: Cáncer
1980	: Virgo
1981	: Libra
1982	: Escorpio
1983	: Sagitario
1984	: Capricornio
1985	: Acuario
1986	: Piscis
1987	: Aries
1988	: Tauro
1989	: Géminis
1990	: Cáncer
1991	: Leo
1992	: Virgo
1993	: Libra
1994	: Escorpio
1995	: Sagitario
1996	: Capricornio
1997	: Acuario
1998	: Piscis
1999	: Aries
2000	: Tauro
del 1/7	: Géminis
2001	: Géminis
del 12/7	: Cáncer
2002	: Cáncer
del 1/8	: Leo
2003	: Leo
del 27/8	: Virgo
2004	: Virgo
del 25/9	: Libra
2005	: Libra
del 26/10	: Escorpio
2006	: Escorpio
del 24/11	: Sagitario
2007	: Sagitario
del 18/12	: Capricornio

83

TAURO

Descubra aquí en qué signo se encontraban los planetas lentos el año de su nacimiento.

Plutón		del 1979 al 1980	: Virgo	1955	: Cáncer
del 1940 al 1958	: Leo	del 1981 al 1982	: Libra	1956	: Leo
del 1959 al 1972	: Virgo	1983: Esc. del 6/5	: Libra	1957	: Virgo
del 1973 al 1983	: Libra	del 1984 al 1985	: Esc.	1958	: Libra
del 1984 al 1994	: Esc.	del 1986 al 1987	: Sag.	1959	: Sagitario
del 1995 al 2009	: Sag.	del 1988 al 1990	: Cánc.	del 24/4	: Escorpio
del 2009 al 2023	: Capr.	del 1991 al 1993	: Ac.	1960	: Capricornio
		del 1994 al 1995	: Piscis	1961	: Acuario
Neptuno		del 1996 al 1998	: Aries	1962	: Piscis
del 2/5/16 al 1929	: Leo	1999	: Tauro	1963	: Aries
del 1930 al 1943	: Virgo	del 1/3/99 al 20/4/01	: Géminis	1964	: Tauro
del 1944 al 1956	: Libra	del 20/4/01 al 22/4/05	: Cáncer	1965	: Tauro
del 1957 al 1969	: Esc.	del 22/4/05 al 2/9/07	: Leo	del 22/4	: Géminis
1970: Sag. del 3/5	: Esc.	del 2/9/07 al 29/10/09	: Virgo	1966	: Géminis
del 1971 al 1983	: Sag.			del 5/5	: Cáncer
del 1984 al 1997	: Capr.	**Júpiter**		1967	: Cáncer
del 1998 al 2012	: Ac.	1912	: Sagitario	1968	: Leo
		1913	: Capricornio	1969	: Virgo
Urano		1914	: Acuario	1970	: Escorpio
del 1912 al 1918	: Ac.	1915	: Piscis	del 30/4	: Libra
del 1919 al 1926	: Piscis	1916	: Aries	1971	: Sagitario
del 1927 al 1934	: Aries	1917	: Tauro	1972	: Capricornio
del 1935 al 14/4/42	: Tauro	1918	: Géminis	1973	: Acuario
del 15/4/42 al 1949	: Gém.	1919	: Cáncer	1974	: Piscis
del 1950 al 1956	: Cánc.	1920	: Leo	1975	: Aries
del 1957 al 1962	: Leo	1921	: Virgo	1976	: Tauro
del 1963 al 1968	: Virgo	1922	: Libra	1977	: Géminis
del 1969 al 1974	: Libra	1923	: Escorpio	1978	: Cáncer
1975: Esc. del 1/5	: Libra	1924	: Sagitario	1979	: Leo
del 1976 al 1981	: Esc.	1925	: Capricornio	1980	: Virgo
del 1982 al 1987	: Sag.	1926	: Acuario	1981	: Libra
del 1988 al 1995	: Capr.	1927	: Piscis	1982	: Escorpio
del 1996 al 2003	: Ac.	1928	: Aries	1983	: Sagitario
del 2003 al 2011	: Piscis	1929	: Tauro	1984	: Capricornio
		1930	: Géminis	1985	: Acuario
Saturno		1931	: Cáncer	1986	: Piscis
del 17/5/10 al 1912	: Tauro	1932	: Leo	1987	: Aries
del 1913 al 10/5/15	: Gém.	1933	: Virgo	1988	: Tauro
del 11/5/15 al 1917	: Cáncer	1934	: Libra	1989	: Géminis
del 1918 al 1919	: Leo	1935	: Escorpio	1990	: Cáncer
del 1920 al 1921	: Virgo	1936	: Sagitario	1991	: Leo
del 1922 al 1924	: Libra	1937	: Capricornio	1992	: Virgo
del 1925 al 1926	: Esc.	1938	: Acuario	1993	: Libra
del 1927 al 1928	: Sag.	del 14/5	: Piscis	1994	: Escorpio
1929: Capr. del 5/5	: Sag.	1939	: Piscis	1995	: Sagitario
del 1930 al 1931	: Capr.	del 11/5	: Aries	1996	: Capricornio
del 1932 al 1934	: Ac.	1940	: Aries	1997	: Acuario
del 1935 al 24/4/37	: Piscis	del 16/5	: Tauro	1998	: Piscis
del 25/4/37 al 1939	: Aries	1941	: Tauro	1999	: Aries
del 1940 al 7/5/42	: Tauro	1942	: Géminis	2000	: Tauro
del 8/5/42 al 1944	: Gém.	1943	: Cáncer	del 1/7	: Géminis
del 1945 al 1946	: Cáncer	1944	: Leo	2001	: Géminis
del 1947 al 1949	: Leo	1945	: Virgo	del 12/7	: Cáncer
del 1950 al 1951	: Virgo	1946	: Libra	2002	: Cáncer
del 1952 al 1953	: Libra	1947	: Escorpio	del 1/8	: Leo
del 1954 al 1955	: Esc.	1948	: Sagitario	2003	: Leo
del 1956 al 1958	: Sag.	1949	: Acuario	del 27/8	: Virgo
del 1959 al 1961	: Capr.	1950	: Piscis	2004	: Virgo
del 1962 al 1963	: Ac.	1951	: Piscis	del 25/9	: Libra
del 1964 al 1966	: Piscis	del 21/4	: Aries	2005	: Libra
del 1967 al 28/4/69	: Aries	1952	: Aries	del 26/10	: Escorpio
del 29/4/69 al 1971	: Tauro	del 28/4	: Tauro	2006	: Escorpio
del 1972 al 17/4/74	: Gém.	1953	: Tauro	del 24/11	: Sagitario
del 18/4/74 al 1976	: Cánc.	del 9/5	: Géminis	2007	: Sagitario
del 1977 al 1978	: Leo	1954	: Géminis	del 18/12	: Capricornio

84

GÉMINIS

Descubra aquí en qué signo se encontraban los planetas lentos el año de su nacimiento.

Plutón
del 14/6/39-10/6/58	: Leo
del 11/6/58 al 1972	: Virgo
del 1973 al 1984	: Libra
del 1985 al 1994	: Esc.
del 1995 al 2009	: Sag.
del 2009 al 2023	: Capr.

Neptuno
del 1916 al 1929	: Leo
del 1930 al 1943	: Virgo
del 1944 al 1956	: Libra
1957 Esc. del 16/6	: Libra
del 1958 al 1970	: Esc.
del 1971 al 1983	: Sag.
del 1984 al 1997	: Capr.
del 1998 al 2012	: Ac.

Urano
del 1912 al 1918	: Ac.
del 1919 al 1926	: Piscis
del 1927 al 6/6/34	: Aries
del 7/6/34 al 1941	: Tauro
del 1942 al 9/6/49	: Gém.
del 10/6/49-9/6/56	: Cáncer
del 10/6/56 al 1962	: Leo
del 1963 al 1969	: Virgo
del 1970 al 1975	: Libra
del 1976 al 1981	: Esc.
del 1982 al 1987	: Sag.
1988 Capr. del 27/5	: Sag.
del 1989 al 1994	: Capr.
1995 Ac. del 9/6	: Capr.
del 1996 al 2003	: Ac.
del 2003 al 2011	: Piscis

Saturno
del 1910 al 1912	: Tauro
del 1913 al 1915	: Gém.
del 1915 al 1917	: Cáncer
del 1918 al 1919	: Leo
del 1920 al 1921	: Virgo
del 1922 al 1924	: Libra
del 1925 al 1926	: Esc.
del 1927 al 1929	: Sag.
del 1930 al 1931	: Capr.
del 1932 al 1934	: Ac.
del 1935 al 1936	: Piscis
del 1937 al 1939	: Aries
del 1940 al 1941	: Tauro
del 1942 al 1944	: Gém.
del 1945 al 1946	: Cáncer
del 1947 al 28/5/49	: Leo
del 29/5/49 al 1951	: Virgo
del 1952 al 1953	: Libra
del 1954 al 1956	: Esc.
del 1957 al 1958	: Sag.
del 1959 al 1961	: Capr.
del 1962 al 1963	: Ac.
del 1964 al 1966	: Piscis
del 1967 al 1968	: Aries
del 1969 al 18/6/71	: Tauro
del 19/6/71 al 1973	: Gém.
del 1974 al 4/6/76	: Cáncer
del 5/6/76 al 1978	: Leo

del 1979 al 1980	: Virgo
del 1981 al 1983	: Libra
del 1984 al 1985	: Esc.
del 1986 al 1987	: Sag.
1988 Capr. del 10/6	: Sag.
del 1989 al 1990	: Capr.
del 1991 al 20/5/93	: Ac.
del 21/5/93 al 1995	: Piscis
del 1996 al 8/6/98	: Aries
del 9/6/98 al 1/3/99	: Tauro
del 1/3/99 al 20/4/01	: Géminis
del 20/4/01 al 22/4/05	: Cáncer
del 22/4/05 al 2/9/07	: Leo
del 2/9/07 al 29/10/09	: Virgo

Júpiter
1913	: Capricornio
1914	: Acuario
1915	: Piscis
1916	: Aries
1917	: Tauro
1918	: Géminis
1919	: Cáncer
1920	: Leo
1921	: Virgo
1922	: Libra
1923	: Escorpio
1924	: Sagitario
1925	: Capricornio
1926	: Acuario
1927	: Piscis
del 6/6	: Aries
1928	: Aries
del 4/6	: Tauro
1929	: Tauro
del 12/6	: Géminis
1930	: Géminis
1931	: Cáncer
1932	: Leo
1933	: Virgo
1934	: Libra
1935	: Escorpio
1936	: Sagitario
1937	: Capricornio
1938	: Piscis
1939	: Aries
1940	: Tauro
1941	: Tauro
del 26/5	: Géminis
1942	: Géminis
del 10/6	: Cáncer
1943	: Cáncer
1944	: Leo
1945	: Virgo
1946	: Libra
1947	: Escorpio
1948	: Sagitario
1949	: Acuario
1950	: Piscis
1951	: Aries
1952	: Tauro
1953	: Géminis
1954	: Géminis
del 24/5	: Cáncer
1955	: Cáncer

del 13/6	: Leo
1956	: Leo
1957	: Virgo
1958	: Libra
1959	: Escorpio
1960	: Capricornio
del 10/6	: Sagitario
1961	: Acuario
1962	: Piscis
1963	: Aries
1964	: Tauro
1965	: Géminis
1966	: Cáncer
1967	: Cáncer
del 23/5	: Leo
1968	: Leo
del 15/6	: Virgo
1969	: Virgo
1970	: Libra
1971	: Sagitario
del 5/6	: Escorpio
1972	: Capricornio
1973	: Acuario
1974	: Piscis
1975	: Aries
1976	: Tauro
1977	: Géminis
1978	: Cáncer
1979	: Leo
1980	: Virgo
1981	: Libra
1982	: Escorpio
1983	: Sagitario
1984	: Capricornio
1985	: Acuario
1986	: Piscis
1987	: Aries
1988	: Tauro
1989	: Géminis
1990	: Cáncer
1991	: Leo
1992	: Virgo
1993	: Libra
1994	: Escorpio
1995	: Sagitario
1996	: Capricornio
1997	: Acuario
1998	: Piscis
1999	: Aries
2000	: Tauro
del 1/7	: Géminis
2001	: Géminis
del 12/7	: Cáncer
2002	: Cáncer
del 1/8	: Leo
2003	: Leo
del 27/8	: Virgo
2004	: Virgo
del 25/9	: Libra
2005	: Libra
del 26/10	: Escorpio
2006	: Escorpio
del 24/11	: Sagitario
2007	: Sagitario
del 18/12	: Capricornio

CÁNCER

Descubra aquí en qué signo se encontraban los planetas lentos el año de su nacimiento.

Plutón			del 1984 al 1985	: Esc.	1955	: Leo
del 1939 al 1957	: Leo.		del 1986 al 1988	: Sag.	1956	: Leo
del 1958 al 1972	: Virgo		del 1989 al 1990	: Capr.	del 18/7	: Virgo
del 1973 al 1984	: Libra		del 1991 al 1992	: Ac.	1957	: Virgo
del 1985 al 1994	: Esc.		1993: Pisc. del 30/6	: Ac.	1958	: Libra
del 1995 al 2009	: Sag.		del 1994 al 1995	: Piscis	1959	: Escorpio
del 2009 al 2023	: Capr.		del 1996 al 1997	: Aries	1960	: Sagitario
			del 1998 al 1/3/99	: Tauro	1961	: Acuario
Neptuno			del 1/3/99 al 20/4/01	: Géminis	1962	: Piscis
del 20/7/15 al 1929	: Leo		del 20/4/01 al 22/4/05	: Cáncer	1963	: Aries
del 1930 al 1943	: Virgo		del 22/4/05 al 2/9/07	: Leo	1964	: Tauro
del 1944 al 1957	: Libra		del 2/9/07 al 29/10/09	: Virgo	1965	: Géminis
del 1958 al 1970	: Esc.				1966	: Cáncer
del 1971 al 1983	: Sag.		**Júpiter**		1967	: Leo
1984: Capr. del 23/6	: Sag.		1911	: Escorpio	1968	: Virgo
del 1985 al 1997	: Capr.		1912	: Sagitario	1969	: Virgo
del 1998 al 2012	: Ac.		1913	: Capricornio	del 16/7	: Libra
			1914	: Acuario	1970	: Libra
Urano			1915	: Piscis	1971	: Escorpio
del 1912 al 1918	: Ac.		1916	: Aries	1972	: Capricornio
del 1919 al 1926	: Piscis		del 26/6	: Tauro	1973	: Acuario
del 1927 al 1933	: Aries		1917	: Tauro	1974	: Piscis
del 1934 al 1941	: Tauro		del 30/6	: Géminis	1975	: Aries
del 1942 al 1948	: Gém.		1918	: Géminis	1976	: Tauro
del 1949 al 1955	: Cáncer		del 13/7	: Cáncer	1977	: Géminis
del 1956 al 1962	: Leo		1919	: Cáncer	1978	: Cáncer
del 1963 al 23/6/69	: Virgo		1920	: Leo	1979	: Leo
del 24/6/69 al 1975	: Libra		1921	: Virgo	1980	: Virgo
del 1976 al 1981	: Esc.		1922	: Libra	1981	: Libra
del 1982 al 1988	: Sag.		1923	: Escorpio	1982	: Escorpio
del 1989 al 1995	: Capr.		1924	: Sagitario	1983	: Sagitario
del 1996 al 2003	: Ac.		1925	: Capricornio	1984	: Capricornio
del 2003 al 2011	: Piscis		1926	: Acuario	1985	: Acuario
			1927	: Aries	1986	: Piscis
Saturno			1928	: Tauro	1987	: Aries
del 1910 al 6/7/12	: Tauro		1929	: Géminis	1988	: Tauro
del 7/7/12 al 1914	: Gém.		1930	: Géminis	1989	: Géminis
del 1915 al 24/6/17	: Cáncer		del 27/6	: Cáncer	1990	: Cáncer
del 25/6/17 al 1919	: Leo		1931	: Cáncer	1991	: Leo
del 1920 al 1921	: Virgo		del 17/7	: Leo	1992	: Virgo
del 1922 al 1924	: Libra		1932	: Leo	1993	: Libra
del 1925 al 1926	: Esc.		1933	: Virgo	1994	: Escorpio
del 1927 al 1929	: Sag.		1934	: Libra	1995	: Sagitario
del 1930 al 1931	: Capr.		1935	: Escorpio	1996	: Capricornio
del 1932 al 1934	: Ac.		1936	: Sagitario	1997	: Acuario
del 1935 al 1936	: Piscis		1937	: Capricornio	1998	: Piscis
del 1937 al 5/7/39	: Aries		1938	: Piscis	1999	: Piscis
del 6/7/39 al 1941	: Tauro		1939	: Aries	del 28/6	: Tauro
del 1942 al 1943	: Gém.		1940	: Tauro	2000	: Tauro
del 1944 al 1946	: Cáncer		1941	: Géminis	del 30/6	: Géminis
del 1947 al 1948	: Leo		1942	: Cáncer	del 1/7	: Géminis
del 1949 al 1951	: Virgo		1943	: Cáncer	2001	: Géminis
del 1952 al 1953	: Libra		del 1/7	: Leo	del 12/7	: Cáncer
del 1954 al 1956	: Esc.		1944	: Leo	2002	: Cáncer
del 1957 al 1958	: Sag.		1945	: Virgo	del 1/8	: Leo
del 1959 al 1961	: Capr.		1946	: Libra	2003	: Leo
del 1962 al 1963	: Ac.		1947	: Escorpio	del 27/8	: Virgo
del 1964 al 1966	: Piscis		1948	: Sagitario	2004	: Virgo
del 1967 al 1968	: Aries		1949	: Acuario	del 25/9	: Libra
del 1969 al 1970	: Tauro		del 28/6	: Capricornio	2005	: Libra
del 1971 al 1973	: Gém.		1950	: Piscis	del 26/10	: Escorpio
del 1974 al 1975	: Cáncer		1951	: Aries	2006	: Escorpio
del 1976 al 1978	: Leo		1952	: Tauro	del 24/11	: Sagitario
del 1979 al 1980	: Virgo		1953	: Géminis	2007	: Sagitario
del 1981 al 1983	: Libra		1954	: Cáncer	del 18/12	: Capricornio

LEO

Descubra aquí en qué signo se encontraban los planetas lentos el año de su nacimiento.

Plutón
del 4/8/38-18/8/57	: Leo
del 19/8/57-30/7/72	: Virgo
del 31/7/72 al 1984	: Libra
del 1985 al 1994	: Esc.
del 1995 al 2009	: Sag.
del 2009 al 2023	: Capr.

Neptuno
del 1915 al 24/7/29	: Leo
del 25/7/29-2/8/43	: Virgo
del 3/8/43 al 5/8/57	: Libra
del 6/8/57 al 1970	: Esc.
del 1971 al 1984	: Sag.
del 1985 al 1997	: Capr.
del 1998 al 2012	: Ac.

Urano
del 1912 al 1918	: Ac.
1919: Pisc. del 17/8	: Ac.
del 1920 al 1926	: Piscis
del 1927 al 1933	: Aries
del 1934 al 7/8/41	: Tauro
del 8/8/41 al 1948	: Gém.
del 1949 al 1955	: Cáncer
del 1956 al 9/8/62	: Leo
del 10/8/62 al 1968	: Virgo
del 1969 al 1975	: Libra
del 1976 al 1981	: Esc.
del 1982 al 1988	: Sag.
del 1989 al 1995	: Capr.
del 1996 al 2003	: Ac.
del 2003 al 2011	: Piscis

Saturno
del 1910 al 1911	: Tauro
del 1912 al 1914	: Gém.
del 1915 al 1916	: Cáncer
del 1917 al 12/8/19	: Leo
del 13/8/19 al 1921	: Virgo
del 1922 al 1924	: Libra
del 1925 al 1926	: Esc.
del 1927 al 1929	: Sag.
del 1930 al 1931	: Capr.
1932: Ac. del 31/8	: Capr.
del 1933 al 1934	: Ac.
del 1935 al 1936	: Piscis
del 1937 al 1938	: Aries
del 1939 al 1941	: Tauro
del 1942 al 1943	: Gém.
del 1944 al 2/8/46	: Cáncer
del 3/8/46 al 1948	: Leo
del 1949 al 13/8/51	: Virgo
del 14/8/51 al 1953	: Libra
del 1954 al 1956	: Esc.
del 1957 al 1958	: Sag.
del 1959 al 1961	: Capr.
del 1962 al 1963	: Ac.
del 1964 al 1966	: Piscis
del 1967 al 1968	: Aries
del 1969 al 1970	: Tauro
del 1971 al 1/8/73	: Gém.
del 2/8/73 al 1975	: Cáncer
del 1976 al 26/7/78	: Leo
del 26/7/78 al 1980	: Virgo

del 1981 al 1983	: Libra
del 1984 al 1985	: Esc.
del 1986 al 1988	: Sag.
del 1989 al 1990	: Capr.
del 1991 al 1993	: Ac.
del 1994 al 1995	: Piscis
del 1996 al 1997	: Aries
del 1998 al 1/3/1999	: Tauro
del 1/3/99 al 20/4/01	: Géminis
del 20/4/01 al 22/4/05	: Cáncer
del 22/4/05 al 2/9/07	: Leo
del 2/9/07 al 29/10/09	: Virgo

Júpiter
1911	: Escorpio
1912	: Sagitario
1913	: Capricornio
1914	: Acuario
1915	: Piscis
1916	: Tauro
1917	: Géminis
1918	: Cáncer
1919	: Cáncer
del 2/8	: Leo
1920	: Leo
1921	: Virgo
1922	: Libra
1923	: Escorpio
1924	: Sagitario
1925	: Capricornio
1926	: Acuario
1927	: Aries
1928	: Tauro
1929	: Géminis
1930	: Cáncer
1931	: Leo
1932	: Leo
del 11/8	: Virgo
1933	: Virgo
1934	: Libra
1935	: Escorpio
1936	: Sagitario
1937	: Capricornio
1938	: Piscis
del 30/7	: Acuario
1939	: Aries
1940	: Tauro
1941	: Géminis
1942	: Cáncer
1943	: Leo
1944	: Leo
del 16/7	: Virgo
1945	: Virgo
1946	: Libra
1947	: Escorpio
1948	: Sagitario
1949	: Capricornio
1950	: Piscis
1951	: Aries
1952	: Tauro
1953	: Géminis
1954	: Cáncer
1955	: Leo
1956	: Virgo
1957	: Virgo

del 7/8	: Libra
1958	: Libra
1959	: Escorpio
1960	: Sagitario
1961	: Acuario
del 12/8	: Capricornio
1962	: Piscis
1963	: Aries
1964	: Tauro
1965	: Géminis
1966	: Cáncer
1967	: Leo
1968	: Virgo
1969	: Libra
1970	: Libra
del 16/8	: Escorpio
1971	: Escorpio
1972	: Capricornio
del 25/7	: Sagitario
1973	: Acuario
1974	: Piscis
1975	: Aries
1976	: Tauro
1977	: Géminis
del 20/8	: Cáncer
1978	: Cáncer
1979	: Leo
1980	: Virgo
1981	: Libra
1982	: Escorpio
1983	: Sagitario
1984	: Capricornio
1985	: Acuario
1986	: Piscis
1987	: Aries
1988	: Géminis
1989	: Géminis
del 31/7	: Cáncer
1990	: Cáncer
del 18/8	: Leo
1991	: Leo
1992	: Virgo
1993	: Libra
1994	: Escorpio
1995	: Sagitario
1996	: Capricornio
1997	: Acuario
1998	: Piscis
1999	: Tauro
2000	: Géminis
del 1/7	: Géminis
2001	: Géminis
del 12/7	: Cáncer
2002	: Cáncer
del 1/8	: Leo
2003	: Leo
del 27/8	: Virgo
2004	: Virgo
del 25/9	: Libra
2005	: Libra
del 26/10	: Escorpio
2006	: Escorpio
del 24/11	: Sagitario
2007	: Sagitario
del 18/12	: Capricornio

VIRGO
Descubra aquí en qué signo se encontraban los planetas lentos el año de su nacimiento.

Plutón		del 1986 al 1988 : Sag.	1956 : Virgo
del 1938 al 1956 : Leo		del 1989 al 1990 : Capr.	1957 : Libra
del 1957 al 1971 : Virgo		del 1991 al 1993 : Ac.	1958 : Libra
del 1972 al 27/9/84 : Libra		del 1994 al 1995 : Piscis	del 7/9 : Escorpio
del 28/9/84 al 1994 : Esc.		del 1996 al 1997 : Aries	1959 : Escorpio
del 1995 al 2009 : Sag.		del 1998 al 1999 : Tauro	1960 : Sagitario
del 2009 al 2023 : Capr.		del 1/3/99 al 20/4/01 : Géminis	1961 : Capricornio
		del 20/4/01 al 22/4/05 : Cáncer	1962 : Piscis
Neptuno		del 22/4/05 al 2/9/07 : Leo	1963 : Aries
del 1915 al 21/9/28 : Leo		del 2/9/07 al 29/10/09 : Virgo	1964 : Tauro
del 22/9/28 al 1942 : Virgo			1965 : Géminis
del 1943 al 1956 : Libra		**Júpiter**	del 21/9 : Cáncer
del 1957 al 1970 : Esc.		1908 : Leo	1966 : Cáncer
del 1971 al 1984 : Sag.		del 12/9 : Virgo	1967 : Leo
del 1985 al 1997 : Capr.		1909 : Virgo	1968 : Virgo
del 1998 al 2012 : Ac.		1910 : Libra	1969 : Libra
		1911 : Escorpio	1970 : Escorpio
Urano		1912 : Sagitario	1971 : Escorpio
del 1912 al 1919 : Ac.		1913 : Capricornio	del 12/9 : Sagitario
del 1920 al 1926 : Piscis		1914 : Acuario	1972 : Sagitario
del 1927 al 1933 : Aries		1915 : Piscis	1973 : Acuario
del 1934 al 1940 : Tauro		1916 : Tauro	1974 : Piscis
del 1941 al 30/8/48 : Gém.		1917 : Géminis	1975 : Aries
del 31/8/48 al 24/8/55 : Cáncer		1918 : Cáncer	1976 : Géminis
del 25/8/55 al 1961 : Leo		1919 : Leo	1977 : Cáncer
del 1962 al 1968 : Virgo		1920 : Leo	1978 : Cáncer
del 1969 al 7/9/75 : Libra		del 27/8 : Virgo	del 5/9 : Leo
del 8/9/75 al 1981 : Esc.		1921 : Virgo	1979 : Leo
del 1982 al 1988 : Sag.		1922 : Libra	1980 : Virgo
del 1989 al 1995 : Capr.		1923 : Escorpio	1981 : Libra
del 1996 al 2003 : Ac.		1924 : Sagitario	1982 : Escorpio
del 2003 al 2011 : Piscis		1925 : Capricornio	1983 : Sagitario
		1926 : Acuario	1984 : Capricornio
Saturno		1927 : Aries	1985 : Acuario
del 1910 al 1911 : Tauro		1928 : Tauro	1986 : Piscis
del 1912 al 1913 : Gém.		1929 : Géminis	1987 : Aries
del 1914 al 1916 : Cáncer		1930 : Cáncer	1988 : Géminis
del 1917 al 1918 : Leo		1931 : Leo	1989 : Cáncer
del 1919 al 1921 : Virgo		1932 : Virgo	1990 : Leo
del 1922 al 13/9/24 : Libra		1933 : Virgo	1991 : Leo
del 14/9/24 al 1926 : Esc.		del 10/9 : Libra	del 12/9 : Virgo
del 1927 al 1929 : Sag.		1934 : Libra	1992 : Virgo
del 1930 al 1932 : Capr.		1935 : Escorpio	1993 : Libra
del 1933 al 1934 : Ac.		1936 : Sagitario	1994 : Escorpio
del 1935 al 1936 : Piscis		1937 : Capricornio	1995 : Sagitario
del 1937 al 1938 : Aries		1938 : Acuario	1996 : Capricornio
del 1939 al 1941 : Tauro		1939 : Aries	1997 : Acuario
del 1942 al 1943 : Gém.		1940 : Tauro	1998 : Piscis
del 1944 al 1945 : Cáncer		1941 : Géminis	1999 : Tauro
del 1946 al 18/9/48 : Leo		1942 : Cáncer	2000 : Géminis
del 19/9/48 al 1950 : Virgo		1943 : Leo	del 1/7 : Géminis
del 1951 al 1953 : Libra		1944 : Virgo	2001 : Géminis
del 1954 al 1956 : Esc.		1945 : Virgo	del 12/7 : Cáncer
del 1957 al 1958 : Sag.		del 25/8 : Libra	2002 : Cáncer
del 1959 al 1961 : Capr.		1946 : Libra	del 1/8 : Leo
del 1962 al 1963 : Ac.		1947 : Escorpio	2003 : Leo
del 1964 al 1966 : Piscis		1948 : Sagitario	del 27/8 : Virgo
del 1967 al 1968 : Aries		1949 : Capricornio	2004 : Virgo
del 1969 al 1970 : Tauro		1950 : Piscis	del 25/9 : Libra
del 1971 al 1972 : Gém.		del 15/9 : Acuario	2005 : Libra
del 1973 al 16/9/75 : Cáncer		1951 : Aries	del 26/10 : Escorpio
del 17/9/75 al 1977 : Leo		1952 : Tauro	2006 : Escorpio
del 1978 al 1980 : Virgo		1953 : Géminis	del 24/11 : Sagitario
del 1981 al 1982 : Libra		1954 : Cáncer	2007 : Sagitario
del 1983 al 1985 : Esc.		1955 : Leo	del 18/12 : Capricornio

LIBRA

Descubra aquí en qué signo se encontraban los planetas lentos el año de su nacimiento.

Plutón

del 1913 al 6/10/37	: Cáncer
del 7/10/37 al 19/10/56	: Leo
del 20/10/56 al 4/10/71	: Virgo
5/10/71 al 1983	: Libra
del 1984 al 1994	: Esc.
del 1995 al 2009	: Sag.
del 2009 al 2023	: Capr.

Neptuno

del 1914 al 1927	: Leo
del 1928 al 3/10/42	: Virgo
4/10/42 al 18/10/56	: Libra
del 19/10/56 al 1970	: Esc.
del 1971 al 1984	: Sag.
del 1985 al 1997	: Capr.
del 1998 al 2012	: Ac.

Urano

del 1913 al 1919	: Ac.
del 1920 al 1926	: Piscis
del 1927 al 1933	: Aries
1934: Tauro del 10/10	: Aries
del 1935 al 1940	: Tauro
1941: Gé. del 5/10	: Tauro
del 1942 al 1947	: Gém.
del 1948 al 1954	: Cáncer
del 1955 al 1961	: Leo
del 1962 al 28/9/68	: Virgo
del 29/9/68 al 1974	: Libra
del 1975 al 1981	: Esc.
del 1982 al 1988	: Sag.
del 1989 al 1995	: Capr.
del 1996 al 2003	: Ac.
del 2003 al 2011	: Piscis

Saturno

del 1910 al 1911	: Tauro
del 1912 al 1913	: Gém.
del 1914 al 17/10/16	: Cáncer
del 18/10/16 al 1918	: Leo
del 1919 al 7/10/21	: Virgo
del 8/10/21 al 1923	: Libra
del 1924 al 1926	: Esc.
del 1927 al 1929	: Sag.
del 1930 al 1932	: Capr.
del 1933 al 1934	: Ac.
del 1935 al 1936	: Piscis
1937: Aries del 18/10	: Piscis
del 1938 al 1939	: Aries
del 1940 al 1941	: Tauro
del 1942 al 1943	: Gém.
del 1944 al 1945	: Cáncer
del 1946 al 1947	: Leo
del 1948 al 1950	: Virgo
del 1951 al 1953	: Libra
del 1954 al 10/10/56	: Esc.
del 11/10/56 al 1958	: Sag.
del 1959 al 1961	: Capr.
del 1962 al 1964	: Ac.
del 1965 al 1966	: Piscis
del 1967 al 1968	: Aries
del 1969 al 1970	: Tauro
del 1971 al 1972	: Gém.
del 1973 al 1974	: Cáncer
del 1975 al 1977	: Leo
del 1978 al 1979	: Virgo
del 1980 al 1982	: Libra
del 1983 al 1985	: Esc.
del 1986 al 1988	: Sag.
del 1989 al 1990	: Capr.
del 1991 al 1993	: Ac.
del 1994 al 1995	: Piscis
del 1996 al 1997	: Aries
del 1998 al 1/3/99	: Tauro
del 1/3/99 al 20/4/01	: Gém.
del 20/4/01 al 22/4/05	: Cáncer
del 22/4/05 al 2/9/07	: Leo
del 2/9/07 al 29/10/09	: Virgo

Júpiter

1911	: Escorpio
1912	: Sagitario
1913	: Capricornio
1914	: Acuario
1915	: Piscis
1916	: Tauro
1917	: Géminis
1918	: Cáncer
1919	: Leo
1920	: Virgo
1921	: Virgo
del 26/9	: Libra
1922	: Libra
1923	: Escorpio
1924	: Sagitario
1925	: Capricornio
1926	: Acuario
1927	: Piscis
1928	: Tauro
1929	: Géminis
1930	: Cáncer
1931	: Leo
1932	: Virgo
1933	: Libra
1934	: Libra
del 11/10	: Escorpio
1935	: Escorpio
1936	: Sagitario
1937	: Capricornio
1938	: Acuario
1939	: Aries
1940	: Tauro
1941	: Géminis
1942	: Cáncer
1943	: Leo
1944	: Virgo
1945	: Libra
1946	: Libra
del 25/9	: Escorpio
1947	: Escorpio
1948	: Sagitario
1949	: Capricornio
1950	: Acuario
1951	: Aries
1952	: Tauro
1953	: Géminis
1954	: Cáncer
1955	: Leo
1956	: Virgo

1957	: Libra
1958	: Escorpio
1959	: Escorpio
del 5/10	: Sagitario
1960	: Sagitario
1961	: Capricornio
1962	: Piscis
1963	: Aries
1964	: Tauro
1965	: Cáncer
1966	: Cáncer
del 27/9	: Leo
1967	: Leo
del 19/10	: Virgo
1968	: Virgo
1969	: Libra
1970	: Escorpio
1971	: Sagitario
1972	: Sagitario
del 26/9	: Capricornio
1973	: Acuario
1974	: Piscis
1975	: Aries
1976	: Géminis
1977	: Cáncer
1978	: Leo
1979	: Leo
del 29/9	: Virgo
1980	: Virgo
1981	: Libra
1982	: Escorpio
1983	: Sagitario
1984	: Capricornio
1985	: Acuario
1986	: Piscis
1987	: Aries
1988	: Géminis
1989	: Cáncer
1990	: Leo
1991	: Virgo
1992	: Virgo
del 10/10	: Libra
1993	: Libra
1994	: Escorpio
1995	: Sagitario
1996	: Capricornio
1997	: Acuario
1998	: Piscis
1999	: Tauro
2000	: Géminis
del 1/7	: Géminis
2001	: Géminis
del 12/7	: Cáncer
2002	: Cáncer
del 1/8	: Leo
2003	: Leo
del 27/8	: Virgo
2004	: Virgo
del 25/9	: Libra
2005	: Libra
del 26/10	: Escorpio
2006	: Escorpio
del 24/11	: Sagitario
2007	: Sagitario
del 18/12	: Capricornio

ESCORPIO

Descubra aquí en qué signo se encontraban los planetas lentos el año de su nacimiento.

Plutón

del 1937 al 1955	: Leo
del 1956 al 1970	: Virgo
del 1971 al 5/11/83	: Libra
del 6/11/83 al 9/11/95	: Esc.
del 10/11/95 al 2009	: Sag.
del 2009 al 2023	: Capr.

Neptuno

del 1914 al 1927	: Leo
del 1928 al 1941	: Virgo
del 1942 al 1955	: Libra
del 1956 al 6/11/70	: Esc.
del 7/11/70 al 20/11/84	: Sag.
del 21/11/84 al 1998	: Capr.
del 1999 al 2012	: Ac.

Urano

del 12/11/12 al 1919	: Ac.
del 1920 al 1926	: Piscis
1927: Aries del 4/11	: Piscis
del 1928 al 1934	: Aries
del 1935 al 1941	: Tauro
del 1942 al 1947	: Gém.
1948: Cán. del 21/11	: Gém.
del 1949 al 1954	: Cáncer
del 1955 al 1/11/61	: Leo
del 2/11/61 al 1967	: Virgo
del 1968 al 20/11/74	: Libra
del 21/11/74 al 16/11/81	: Esc.
del 16/11/81 al 1988	: Sag.
del 1989 al 1995	: Capr.
del 1996 al 2003	: Ac.
del 2003 al 2011	: Piscis

Saturno

del 1910 al 1911	: Tauro
del 1912 al 1913	: Gém.
del 1914 al 1915	: Cáncer
del 1916 al 1918	: Leo
del 1919 al 1920	: Virgo
del 1921 al 1923	: Libra
del 1924 al 1926	: Esc.
del 1927 al 1929	: Sag.
del 1930 al 19/11/32	: Capr.
del 20/11/32 al 1934	: Ac.
del 1935 al 1937	: Piscis
del 1938 al 1939	: Aries
del 1940 al 1941	: Tauro
del 1942 al 1943	: Gém.
del 1944 al 1945	: Cáncer
del 1946 al 1947	: Leo
del 1948 al 20/11/50	: Virgo
del 21/11/50 al 1952	: Libra
del 1953 al 1955	: Esc.
del 1956 al 1958	: Sag.
del 1959 al 1961	: Capr.
del 1962 al 1964	: Ac.
del 1965 al 1966	: Piscis
del 1967 al 1968	: Aries
del 1969 al 1970	: Tauro
del 1971 al 1972	: Gém.
del 1973 al 1974	: Cáncer
del 1975 al 16/11/77	: Leo
del 17/11/77 al 1979	: Virgo

del 1980 al 1982	: Libra
del 1983 al 16/11/85	: Esc.
del 17/11/85 al 11/11/88	: Sag.
del 12/11/88 al 1990	: Capr.
del 1991 al 1993	: Ac.
del 1994 al 1995	: Piscis
del 1996 al 1997	: Aries
1998: Tauro del 26/10	: Aries
1999	: Tauro
del 1/3/99 al 20/4/01	: Gém.
del 20/4/01 al 22/4/05	: Cáncer
del 22/4/05 al 2/9/07	: Leo
del 2/9/07 al 29/10/09	: Virgo

Júpiter

1913	: Capricornio
1914	: Acuario
1915	: Piscis
1916	: Tauro
del 27/10	: Aries
1917	: Géminis
1918	: Cáncer
1919	: Leo
1920	: Virgo
1921	: Libra
1922	: Libra
del 27/10	: Escorpio
1923	: Escorpio
1924	: Sagitario
1925	: Capricornio
1926	: Acuario
1927	: Piscis
1928	: Tauro
1929	: Géminis
1930	: Cáncer
1931	: Leo
1932	: Virgo
1933	: Libra
1934	: Escorpio
1935	: Escorpio
del 9/11	: Sagitario
1936	: Sagitario
1937	: Capricornio
1938	: Acuario
1939	: Aries
del 30/10	: Piscis
1940	: Tauro
1941	: Géminis
1942	: Cáncer
1943	: Leo
1944	: Virgo
1945	: Libra
1946	: Escorpio
1947	: Escorpio
1948	: Sagitario
del 15/11	: Capricornio
1949	: Capricornio
1950	: Acuario
1951	: Aries
1952	: Tauro
1953	: Géminis
1954	: Cáncer
1955	: Leo
del 17/11	: Virgo
1956	: Virgo

1957	: Libra
1958	: Escorpio
1959	: Sagitario
1960	: Sagitario
del 26/10	: Capricornio
1961	: Capricornio
del 4/11	: Acuario
1962	: Piscis
1963	: Aries
1964	: Tauro
1965	: Cáncer
del 17/11	: Géminis
1966	: Leo
1967	: Virgo
1968	: Virgo
del 16/11	: Libra
1969	: Libra
1970	: Escorpio
1971	: Sagitario
1972	: Capricornio
1973	: Acuario
1974	: Piscis
1975	: Aries
1976	: Tauro
1977	: Cáncer
1978	: Leo
1979	: Virgo
1980	: Virgo
del 27/10	: Libra
1981	: Libra
1982	: Escorpio
1983	: Sagitario
1984	: Capricornio
1985	: Acuario
1986	: Piscis
1987	: Aries
1988	: Géminis
1989	: Cáncer
1990	: Leo
1991	: Virgo
1992	: Libra
1993	: Libra
del 10/11	: Escorpio
1994	: Escorpio
1995	: Sagitario
1996	: Capricornio
1997	: Acuario
1998	: Piscis
1999	: Aries
2000	: Géminis
del 1/7	: Géminis
2001	: Géminis
del 12/7	: Cáncer
2002	: Cáncer
del 1/8	: Leo
2003	: Leo
del 27/8	: Virgo
2004	: Virgo
del 25/9	: Libra
2005	: Libra
del 26/10	: Escorpio
2006	: Escorpio
del 24/11	: Sagitario
2007	: Sagitario
del 18/12	: Capricornio

SAGITARIO

Descubra aquí en qué signo se encontraban los planetas lentos el año de su nacimiento.

Plutón
1937: Leo del 25/11   : Cáncer
del 1938 al 1955   : Leo
del 1956 al 1970   : Virgo
del 1971 al 1982   : Libra
del 1983 al 1994   : Esc.
del 1995 al 2009   : Sag.
del 2009 al 2023   : Capr.

Neptuno
1914: Leo del 15/12   : Cáncer
del 1915 al 1927   : Leo
del 1928 al 1941   : Virgo
del 1942 al 1955   : Libra
del 1956 al 1969   : Esc.
del 1970 al 1983   : Sag.
del 1984 al 27/11/98   : Capr.
del 28/11/98 al 2012   : Ac.

Urano
del 1912 al 1919   : Ac.
del 1920 al 1927   : Piscis
del 1928 al 1934   : Aries
del 1935 al 1941   : Tauro
del 1942 al 1948   : Gém.
del 1949 al 1954   : Cáncer
del 1955 al 1960   : Leo
del 1961 al 1967   : Virgo
del 1968 al 1973   : Libra
del 1974 al 1980   : Esc.
del 1981 al 2/12/88   : Sag.
del 3/12/88 al 1995   : Capr.
del 1996 al 2003   : Ac.
del 2003 al 2011   : Piscis

Saturno
1910 : Tauro del 15/12 : Aries
1911 : Tauro
1912 : Gém. del 1/12   : Tauro
1913 : Géminis
1914: Cánc. del 7/12   : Gém.
1915 : Cáncer
1916: Leo del 8/12   : Cáncer
del 1917 al 1918   : Leo
del 1919 al 1920   : Virgo
del 1921 al 19/12/23   : Libra
del 20/12/23 al 2/12/26: Esc.
del 3/12/26 al 30/11/29: Sag.
del 1/12/29 al 1931   : Capr.
del 1932 al 1934   : Ac.
del 1935 al 1937   : Piscis
del 1938 al 1939   : Aries
del 1940 al 1941   : Tauro
del 1942 al 1943   : Gém.
del 1944 al 1945   : Cáncer
del 1946 al 1947   : Leo
del 1948 al 1949   : Virgo
del 1950 al 1952   : Libra
del 1953 al 1955   : Esc.
del 1956 al 1958   : Sag.
del 1959 al 1961   : Capr.
del 1962 al 15/12/64   : Ac.
del 16/12/64 al 1966   : Piscis
del 1967 al 1968   : Aries
del 1969 al 1970   : Tauro

del 1971 al 1972   : Gém.
del 1973 al 1974   : Cáncer
del 1975 al 1976   : Leo
del 1977 al 1979   : Virgo
del 1980 al 28/11/82   : Libra
del 29/11/82 al 1984   : Esc.
del 1985 al 1987   : Sag.
del 1988 al 1990   : Capr.
del 1991 al 1993   : Ac.
del 1994 al 1995   : Piscis
del 1996 al 1998   : Aries
1999   : Tauro
del 1/3/99 al 20/4/01 : Gém.
del 20/4/01 al 22/4/05 : Cáncer
del 22/4/05 al 2/9/07 : Leo
del 2/9/07 al 29/10/09 : Virgo

Júpiter
1914   : Acuario
1915   : Piscis
1916   : Aries
1917   : Géminis
1918   : Cáncer
1919   : Leo
1920   : Virgo
1921   : Libra
1922   : Escorpio
1923   : Escorpio
del 25/11   : Sagitario
1924   : Sagitario
del 18/12   : Capricornio
1925   : Capricornio
1926   : Acuario
1927   : Piscis
1928   : Tauro
1929   : Géminis
1930   : Cáncer
1931   : Leo
1932   : Virgo
1933   : Libra
1934   : Escorpio
1935   : Sagitario
1936   : Sagitario
del 2/12   : Capricornio
1937   : Capricornio
1938   : Acuario
1939   : Piscis
1940   : Tauro
1941   : Géminis
1942   : Cáncer
1943   : Leo
1944   : Virgo
1945   : Libra
1946   : Escorpio
1947   : Sagitario
1948   : Capricornio
1949   : Capricornio
del 1/12   : Acuario
1950   : Acuario
del 2/12   : Piscis
1951   : Aries
1952   : Tauro
1953   : Géminis
1954   : Cáncer
1955   : Virgo

1956   : Virgo
del 13/12   : Libra
1957   : Libra
1958   : Escorpio
1959   : Sagitario
1960   : Capricornio
1961   : Acuario
1962   : Piscis
1963   : Aries
1964   : Tauro
1965   : Géminis
1966   : Leo
1967   : Virgo
1968   : Libra
1969   : Libra
del 17/12   : Escorpio
1970   : Escorpio
1971   : Sagitario
1972   : Capricornio
1973   : Acuario
1974   : Piscis
1975   : Aries
1976   : Tauro
1977   : Cáncer
1978   : Leo
1979   : Virgo
1980   : Libra
1981   : Libra
del 27/11   : Escorpio
1982   : Escorpio
1983   : Sagitario
1984   : Capricornio
1985   : Acuario
1986   : Piscis
1987   : Aries
1988   : Géminis
del 1/12   : Tauro
1989   : Cáncer
1990   : Leo
1991   : Virgo
1992   : Libra
1993   : Escorpio
1994   : Escorpio
del 9/12   : Sagitario
1995   : Sagitario
1996   : Capricornio
1997   : Acuario
1998   : Piscis
1999   : Aries
2000   : Géminis
del 1/7   : Géminis
2001   : Géminis
del 12/7   : Cáncer
2002   : Cáncer
del 1/8   : Leo
2003   : Leo
del 27/8   : Virgo
2004   : Virgo
del 25/9   : Libra
2005   : Libra
del 26/10   : Escorpio
2006   : Escorpio
del 24/11   : Sagitario
2007   : Sagitario
del 18/12   : Capricornio

CAPRICORNIO

Descubra aquí en qué signo se encontraban los planetas lentos el año de su nacimiento.

Plutón
dic.1938-en.1956	: Leo
dic.1956-14/1/57	: Virgo
del 15/1/57	: Leo
dic.1957-en.1971	: Virgo
dic.1971-en.1983	: Libra
dic.1983-16/1/95	: Esc.
17/1/95-dic.2009	: Sag.
del 2009 al 2023	: Capr.

Neptuno
dic.1915-en.1928	: Leo
dic.1928-en.1942	: Virgo
dic.1942-24/12/55	: Libra
25/12/55-4/1/70	: Esc.
5/1/70-en.1984	: Sag.
dic.1984-en.1998	: Capr.
dic.1998-dic.2012	: Ac.

Urano
dic.1912-en.1920	: Ac.
dic.1920-12/1/28	: Piscis
13/1/28-en.1935	: Aries
dic.1935-en.1942	: Tauro
dic.1942-3n.1949	: Gém.
dic.1949-en.1955	: Cáncer
dic.1955-en.1961	: Leo
dic.1961-9/1/62	: Virgo
del 10/1/62	: Virgo
dic.1962-en.1968	: Virgo
dic.1968-en.1974	: Libra
dic.1974-en.1981	: Esc.
dic.1981-en.1988	: Sag.
dic.1988-11/1/96	: Capr.
12/1/96-dic.2003	: Ac.
del 2003 al 2011	: Piscis

Saturno
dic.1911-en.1913	: Tauro
dic.1913-en.1915	: Gém.
dic.1915-en.1917	: Cáncer
dic.1917-en.1919	: Leo
dic.1919-en.1921	: Virgo
dic.1921-en.1923	: Libra
dic.1923-en.1926	: Esc.
dic.1926-en.1929	: Sag.
dic.1929-en.1932	: Capr.
dic.1932-en.1935	: Ac.
dic.1935-13/1/38	: Piscis
14/1/38-en.1940	: Aries
dic.1940-en.1942	: Tauro
dic.1942-en.1944	: Gém.
dic.1944-en.1946	: Cáncer
dic.1946-en.1948	: Leo
dic.1948.en.1950	: Virgo
dic.1950.en.1953	: Libra
dic.1953.12/1/56	: Esc.
13/1/56-5/1/59	: Sag.
6/1/59-3/1/62	: Capr.
4/1/62-en.1964	: Ac.
dic.1964-en.1967	: Piscis
dic.1967-en.1969	: Aries
dic.1969-en.1971	: Tauro
dic.1971-9/1/72	: Gém.
del 10/1/72	: Tauro

dic.1972-en.1973	: Gém.
dic.1973-7/1/74	: Cáncer
del 8/1/74	: Gém.
dic.1974-en.1975	: Cáncer
dic.1975-14/1/76	: Leo
del 14/1/76	: Cáncer
dic.1976-en.1977	: Leo
dic.1977-4/1/78	: Virgo
del 5/1/78	: Leo
dic.1978-en.1980	: Virgo
dic.1980-en.1982	: Libra
dic.1982-en.1985	: Esc.
dic.1985-en.1988	: Sag.
dic.1988-en.1991	: Capr.
dic.1991-en.1994	: Ac.
dic.1994-en.1996	: Piscis
dic.1996-en.1999	: Aries
del 1/2/99-20/4/01	: Gém.
del 20/4/01-22/4/05	: Cáncer
del 22/4/05 al 2/9/07	: Leo
del 2/9/07 al 29/10/09	: Virgo

Júpiter
dic.1906-en.1907	: Cáncer
dic.1907-en.1908	: Leo
dic.1908-en.1909	: Virgo
dic.1910-en.1911	: Esc.
dic.1911-2/1/13	: Sag.
3/1/13-en.1914	: Capr.
dic.1914-en.1915	: Ac.
dic.1915-en.1916	: Piscis
dic.1916-en.1917	: Aries
dic.1917-en.1918	: Gém.
dic.1918-en.1919	: Cáncer
dic.1919-en.1920	: Leo
dic.1920-en.1921	: Virgo
dic.1921-en.1922	: Libra
dic.1922-en.1923	: Esc.
dic.1923-en.1924	: Sag.
dic. 1925 ?????	
dic.5-1-1926	: Capr.
6/1/26-17/1/27	: Ac.
18/1/27-en.1928	: Piscis
dic.1928-en.1929	: Tauro
dic.1929-en.1930	: Gém.
dic.1930-en.1931	: Cáncer
dic.1931-en.1932	: Leo
dic.1932-en.1933	: Virgo
dic.1933-en.1934	: Libra
dic.1934-en.1935	: Esc.
dic.1935-en.1936	: Sag.
dic.1936-en.1937	: Capr.
dic.1937-29/12/38	: Ac.
30/12/38-en.1939	: Piscis
dic.1939-en.1940	: Aries
dic.1940-en.1941	: Tauro
dic.1941-en.1942	: Gém.
dic.1942-en.1943	: Cáncer
dic.1943-en.1944	: Leo
dic.1944-en.1945	: Virgo
dic.1945-en.1946	: Libra
dic.1946-en.1947	: Esc.
dic.1947-en.1948	: Sag.
dic.1948-en.1949	: Capr.

dic.1949-en.1950	: Ac.
dic.1950-en.1951	: Piscis
dic.1951-en.1952	: Aries
dic.1952-en.1953	: Tauro
dic.1953-en.1954	: Gém.
dic.1954-en.1955	: Cáncer
dic.1955-17/1/56	: Virgo
del 18/1/56	: Leo
dic.1956-13/1/58	: Libra
14/1/58-en.1959	: Esc.
dic.1959-en.1960	: Sag.
dic.1960-en.1961	: Capr.
dic.1961-en.1962	: Ac.
dic.1962-en.1963	: Piscis
dic.1963-en.1964	: Aries
dic.1964-en.1965	: Tauro
dic.1965-en.1966	: Gém.
dic.1966-15/1/67	: Leo
del 16/1/67	: Cáncer
dic.1967-en.1968	: Virgo
dic.1968-en.1969	: Libra
dic.1969-13/1/71	: Esc.
14/1/71-en.1972	: Sag.
dic.1972-en.1973	: Capr.
dic.1973-en.1974	: Ac.
dic.1974-en.1975	: Piscis
dic.1975-en.1976	: Aries
dic.1976-en.1977	: Tauro
dic.1977	: Cáncer
31/12/77-en.1978	: Gém.
dic.1978-en.1979	: Leo
dic.1979-en.1980	: Virgo
dic.1980-en.1981	: Libra
dic.1981-25/12/82	: Esc.
26/12/82-en.1984	: Sag.
dic.1984-en.1985	: Capr.
dic.1985-en.1986	: Ac.
dic.1986-en.1987	: Piscis
dic.1987-en.1988	: Aries
dic.1988-en.1989	: Tauro
dic.1989-en.1990	: Cáncer
dic.1990-en.1991	: Leo
dic.1991-en.1992	: Virgo
dic.1992-en.1993	: Libra
dic.1993-en.1994	: Esc.
dic.1994-2/1/96	: Sag.
3/1/96-en.1997	: Capr.
dic.1997-en.1998	: Ac.
dic.1998-en.1999	: Piscis
dic.1999-en.2000	: Aries
dic.2000	: Gém.
2001	: Gém.
del 12/7	: Cáncer
2002	: Cáncer
del 1/8	: Leo
2003	: Leo
del 27/8	: Virgo
2004	: Virgo
del 25/9	: Libra
2005	: Libra
del 26/10	: Esc.
2006	: Esc.
del 24/11	: Sag.
2007	: Sag.
del 18/12	: Capr.

ACUARIO
Descubra aquí en qué signo se encontraban los planetas lentos el año de su nacimiento.

Plutón
1939: Leo del 7/2
del 1940 al 1957 : Leo
del 1958 al 1971 : Virgo
del 1972 al 1983 : Libra
del 1984 al 1994 : Esc.
del 1995 al 2009 : Sag.
del 2009 al 2023 : Capr.

Neptuno
del 1916 al 1928 : Leo
del 1929 al 1942 : Virgo
del 1943 al 1955 : Libra
del 1956 al 1969 : Esc.
del 1970 al 1983 : Sag.
del 1984 al 28/1/98 : Capr.
del 29/1/98 al 2012 : Ac.

Urano
del 31/1/12 al 22/1/20 : Ac.
del 23/1/20 al 1927 : Piscis
del 1928 al 1935 : Aries
del 1936 al 1942 : Tauro
del 1943 al 1949 : Gém.
del 1950 al 1955 : Cáncer
1956: Leo del 28/1 : Cáncer
del 1957 al 1962 : Leo
del 1963 al 1968 : Virgo
del 1969 al 1974 : Libra
del 1975 al 1981 : Esc.
del 1982 al 14/2/88 : Sag.
del 15/2/88 al 1995 : Capr.
del 1996 al 2003 : Ac.
del 2003 al 2011 : Piscis

Saturno
del 1911 al 1913 : Tauro
del 1914 al 1915 : Gém.
del 1916 al 1917 : Cánc.
del 1918 al 1919 : Leo
del 1920 al 1921 : Virgo
del 1922 al 1923 : Libra
del 1924 al 1926 : Esc.
del 1927 al 1929 : Sag.
del 1930 al 1932 : Capr.
del 1933 al 14/2/35 : Ac.
del 15/2/35 al 1937 : Piscis
del 1938 al 1940 : Aries
del 1941 al 1942 : Tauro
del 1943 al 1944 : Gém.
del 1945 al 1946 : Cáncer
del 1947 al 1948 : Leo
del 1949 al 1950 : Virgo
del 1951 al 1953 : Libra
del 1954 al 1955 : Esc.
del 1956 al 1958 : Sag.
del 1959 al 1961 : Capr.
del 1962 al 1964 : Ac.
del 1965 al 1967 : Piscis
del 1968 al 1969 : Aries
del 1970 al 1972 : Tauro
del 1973 al 1974 : Gém.
del 1975 al 1976 : Cáncer
del 1977 al 1978 : Leo
del 1979 al 1980 : Virgo

del 1981 al 1982 : Libra
del 1983 al 1985 : Esc.
del 1986 al 13/2/88 : Sag.
del 14/2/88 al 6/2/91 : Capr.
del 7/2/91 al 28/1/94 : Ac.
del 29/1/94 al 1996 : Piscis
del 1997 al 1999 : Aries
del 1/3/99 al 20/4/01 : Gém.
del 20/4/01 al 22/4/05 : Cáncer
del 22/4/05 al 2/9/07 : Leo
del 2/9/07 al 29/10/09 : Virgo

Júpiter
1910 : Libra
1911 : Escorpio
1912 : Sagitario
1913 : Capricornio
1914 : Capricornio
del 22/1 : Acuario
1915 : Acuario
del 4/2 : Piscis
1916 : Piscis
del 12/2 : Aries
1917 : Aries
del 13/2 : Tauro
1918 : Géminis
1919 : Cáncer
1920 : Leo
1921 : Virgo
1922 : Libra
1923 : Escorpio
1924 : Sagitario
1925 : Capricornio
1926 : Acuario
1927 : Piscis
1928 : Piscis
del 23/1 : Aries
1929 : Tauro
1930 : Géminis
1931 : Cáncer
1932 : Leo
1933 : Virgo
1934 : Libra
1935 : Escorpio
1936 : Sagitario
1937 : Capricornio
1938 : Acuario
1939 : Piscis
1940 : Aries
1941 : Tauro
1942 : Géminis
1943 : Cáncer
1944 : Leo
1945 : Virgo
1946 : Libra
1947 : Escorpio
1948 : Sagitario
1949 : Capricornio
1950 : Acuario
1951 : Piscis
1952 : Aries
1953 : Tauro
1954 : Géminis
1955 : Cáncer
1956 : Leo

1957 : Libra
1958 : Escorpio
1959 : Escorpio
del 10/2 : Sagitario
1960 : Sagitario
1961 : Capricornio
1962 : Acuario
1963 : Piscis
1964 : Aries
1965 : Tauro
1966 : Géminis
1967 : Cáncer
1968 : Virgo
1969 : Libra
1970 : Escorpio
1971 : Sagitario
1972 : Sagitario
del 7/2 : Capricornio
1973 : Capricornio
1974 : Acuario
1975 : Piscis
1976 : Aries
1977 : Tauro
1978 : Géminis
1979 : Leo
1980 : Virgo
1981 : Libra
1982 : Escorpio
1983 : Sagitario
1984 : Capricornio
1985 : Capricornio
del 7/2 : Acuario
1986 : Acuario
1987 : Piscis
1988 : Aries
1989 : Tauro
1990 : Cáncer
1991 : Leo
1992 : Virgo
1993 : Libra
1994 : Escorpio
1995 : Sagitario
1996 : Capricornio
1997 : Capricornio
del 22/1 : Acuario
1998 : Acuario
del 4/2 : Piscis
1999 : Piscis
del 13/2 : Aries
2000 : Tauro
del 1/7 : Géminis
2001 : Géminis
del 12/7 : Cáncer
2002 : Cáncer
del 1/8 : Leo
2003 : Leo
del 27/8 : Virgo
2004 : Virgo
del 25/9 : Libra
2005 : Libra
del 26/10 : Escorpio
2006 : Escorpio
del 24/11 : Sagitario
2007 : Sagitario
del 18/12 : Capricornio

PISCIS

Descubra aquí en qué signo se encontraban los planetas lentos el año de su nacimiento.

Plutón
del 1940 al 1957 : Leo
del 1958 al 1971 : Virgo
del 1972 al 1983 : Libra
del 1984 al 1994 : Esc.
del 1995 al 2009 : Sag.
del 2009 al 2023 : Capr.

Neptuno
del 1916 al 1929 : Leo
del 1930 al 1942 : Virgo
del 1943 al 1955 : Libra
1956: Esc. del 1273 : Libra
del 1957 al 1969 : Esc.
del 1970 al 1983 : Sag.
del 1984 al 1997 : Capr.
del 1998 al 2012 : Ac.

Urano
del 1912 al 1919 : Ac.
del 1920 al 1927 : Piscis
del 1928 al 1935 : Aries
del 1936 al 1942 : Tauro
del 1943 al 1949 : Gém.
del 1950 al 1956 : Cáncer
del 1957 al 1962 : Leo
del 1963 al 1968 : Virgo
del 1969 al 1974 : Libra
del 1975 al 1980 : Esc.
del 1981 al 1987 : Sag.
del 1988 al 1995 : Capr.
del 1996 al 2003 : Ac.
del 2003 al 2011 : Piscis

Saturno
del 1911 al 1913 : Tauro
del 1914 al 1915 : Gém.
del 1916 al 1917 : Cáncer
del 1918 al 1919 : Leo
del 1920 al 1921 : Virgo
del 1922 al 1923 : Libra
del 1924 al 1926 : Esc.
del 1927 al 15/3/29 : Sag.
del 16/3/29 al 23/2/32 : Capr.
del 24/2/32 al 1934 : Ac.
del 1935 al 1937 : Piscis
del 1938 al 1940 : Aries
del 1941 al 1942 : Tauro
del 1943 al 1944 : Gém.
del 1945 al 1946 : Cáncer
del 1947 al 1948 : Leo
del 1949 al 1950 : Virgo
1951: Lib. del 7/3 : Virgo
del 1952 al 1953 : Libra
del 1954 al 1955 : Esc.
del 1956 al 1958 : Sag.
del 1959 al 1961 : Capr.
del 1962 al 1964 : Ac.
del 1965 al 3/3/67 : Piscis
del 4/3/67 al 1969 : Aries
del 1970 al 21/2/72 : Tauro
del 22/2/72 al 1974 : Gém.
del 1975 al 1976 : Cáncer
del 1977 al 1978 : Leo
del 1979 al 1980 : Virgo

del 1981 al 1982 : Libra
del 1983 al 1985 : Esc.
del 1986 al 1987 : Sag.
del 1988 al 1990 : Capr.
del 1991 al 1993 : Ac.
del 1994 al 1996 : Piscis
del 1997 al 28/2/99 : Aries
del 1/3/99 al 20/4/01 : Gém.
del 20/4/01 al 22/4/05 : Cáncer
del 22/4/05 al 2/9/07 : Leo
del 2/9/07 al 29/10/09 : Virgo

Júpiter
1909 : Virgo
1910 : Libra
1911 : Escorpio
1912 : Sagitario
1913 : Capricornio
1914 : Acuario
1915 : Piscis
1916 : Aries
1917 : Tauro
1918 : Géminis
1919 : Cáncer
1920 : Leo
1921 : Virgo
1922 : Libra
1923 : Escorpio
1924 : Sagitario
1925 : Capricornio
1926 : Acuario
1927 : Piscis
1928 : Aries
1929 : Tauro
1930 : Géminis
1931 : Cáncer
1932 : Leo
1933 : Virgo
1934 : Libra
1935 : Escorpio
1936 : Sagitario
1937 : Capricornio
1938 : Acuario
1939 : Piscis
1940 : Aries
1941 : Tauro
1942 : Géminis
1943 : Cáncer
1944 : Leo
1945 : Virgo
1946 : Libra
1947 : Escorpio
1948 : Sagitario
1949 : Capricornio
1950 : Acuario
1951 : Piscis
1952 : Aries
1953 : Tauro
1954 : Géminis
1955 : Cáncer
1956 : Leo
1957 : Virgo
1958 : Escorpio
1959 : Sagitario
1960 : Sagitario

del 1/3 : Capricornio
1961 : Capricornio
del 15/3 : Acuario
1962 : Acuario
1963 : Piscis
1964 : Aries
1965 : Tauro
1966 : Géminis
1967 : Cáncer
1968 : Virgo
del 27/2 : Leo
1969 : Libra
1970 : Escorpio
1971 : Sagitario
1972 : Capricornio
1973 : Capricornio
del 23/2 : Acuario
1974 : Acuario
del 8/3 : Piscis
1975 : Piscis
del 19/3 : Aries
1976 : Aries
1977 : Tauro
1978 : Géminis
1979 : Leo
del 1/3 : Cáncer
1980 : Virgo
1981 : Libra
1982 : Escorpio
1983 : Sagitario
1984 : Capricornio
1985 : Acuario
1986 : Acuario
del 21/2 : Piscis
1987 : Piscis
del 3/3 : Aries
1988 : Aries
del 9/3 : Tauro
1989 : Tauro
del 11/3 : Géminis
1990 : Cáncer
1992 : Virgo
1993 : Libra
1994 : Escorpio
1995 : Sagitario
1996 : Capricornio
1997 : Acuario
1998 : Piscis
1999 : Aries
2000 : Tauro
del 1/7 : Géminis
2001 : Géminis
del 12/7 : Cáncer
2002 : Cáncer
del 1/8 : Leo
2003 : Leo
del 27/8 : Virgo
2004 : Virgo
del 25/9 : Libra
2005 : Libra
del 26/10 : Escorpio
2006 : Escorpio
del 24/11 : Sagitario
2007 : Sagitario
del 18/12 : Capricornio

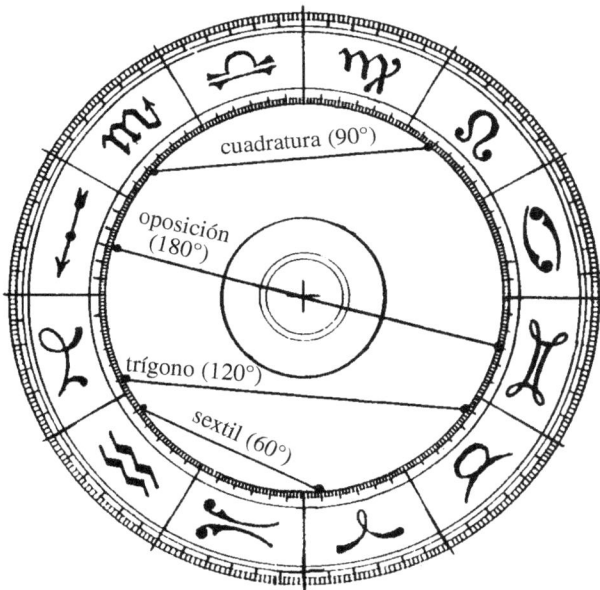

Fig. 6

En su movimiento a lo largo del círculo zodiacal, los astros ocupan posiciones distintas y por lo tanto se encuentran a diferentes distancias entre ellos. Estas relaciones de distancia (expresadas en grados) se llaman aspectos y proporcionan un indispensable instrumento de interpretación: la relación angular que se crea entre dos o más planetas influye en la dinámica de las fuerzas en juego, estimulándolas o ralentizándolas. En el tema natal, es decir, en la fotografía del cielo en el momento del nacimiento, los aspectos proporcionan la trama de las distintas componentes de la personalidad y de la experiencia individual. Los nuevos ángulos que los astros forman en el cielo con las posiciones planetarias originarias, son otro tipo de aspecto y reciben el nombre de *tránsitos,* que permiten seguir a la persona en su evolución.

Estos son los aspectos de mayor importancia:

— conjunción: dos o más planetas que se encuentran en el mismo grado zodiacal;
— sextil: planetas que se encuentran a una distancia de 60°;
— cuadrante: planetas que se encuentran a una distancia de 90°;
— triangular: planetas que se encuentran a una distancia de 120°;
— oposición: planetas que se encuentran a una distancia de 180°.

Para todos estos aspectos se considera válido un redondeo de 7-10°, según la naturaleza de los planetas implicados. El sextil y el triángulo se consideran aspectos positivos, es decir que constituyen lazos de unión armoniosos entre las fuerzas astrales implicadas, que se unen o se estimulan de forma positiva recíprocamente. El sextil tiene un efecto de menos impacto, representando sobre todo una posibilidad favorable, una *carta a jugar,* una ayuda importante para la personalidad. El triángulo tiene un efecto más evidente y se podría comparar con un don de la naturaleza: una característica particularmente feliz en el temperamento o en el destino individual, que permite la plena expresión de las fuerzas en juego, de forma totalmente armoniosa y natural.

El cuadrante y la oposición se consideran aspectos negativos, es decir relaciones inarmónicas entre los planetas implicados, que suscitan tensión y contradicción, modificando en sentido restrictivo una de las fuerzas en cuestión. El cuadrante representa un obstáculo; según los casos puede corresponder a una limitación, a una reducción, o en cambio a un desorden, a una dispersión de energía, pero de todos modos es la señal de un trastorno. La oposición representa un antagonismo entre dos principios contrapuestos, que pueden predominar de forma alternativa, o uno de los dos polos puede imponerse en detrimento del otro.

La conjunción se considera tanto positiva como negativa, según los planetas implicados; representa una concentración de fuerzas, que se condensan más o menos armoniosamente, centradas en un único punto, que por lo tanto asume una importancia particular. La diferenciación entre aspectos positivos y negativos no se entiende de todos modos de forma muy rígida y cada aspecto se considera en la globalidad del tema.

Sobre el tema astral de nacimiento, los aspectos planetarios se representan gráficamente mediante una línea que une los dos planetas ligados por el propio aspecto (véase fig. 6).

Entendimiento entre los signos

Existen afinidades «de máxima» entre los distintos signos que se basan en la compatibilidad entre los cuatro elementos: fuego, tierra, aire y agua. Recordaremos brevemente que pertenecen al elemento fuego: Aries, Leo y Sagitario; signos de tierra son Tauro, Virgo y Capricornio; Géminis, Libra y Acuario son signos de aire; Cáncer, Escorpio y Piscis pertenecen al elemento agua. A grandes rasgos, se puede decir que entre los signos que pertenecen al mismo elemento se establece fácilmente una corriente de simpatía inmediata, porque se trata de personas que *hablan el mismo idioma*: dinámicos los signos de fuego, realistas los signos de tierra, comunicativos los signos de aire, emocionales los signos de agua. Un buen entendimiento en general se produce también en las combinaciones tierra y agua, y fuego y aire: en el primer caso la tierra se ablanda y es fecundada por el agua, en el segundo el fuego se reanima con el aire.

Pero naturalmente estas disposiciones generales no son suficientes para explicar la complejidad y las multiplicidades que caracterizan las relaciones interpersonales.

Así como el carácter de una persona es el resultado de la mezcla de virtudes, defectos e inclinaciones diversas, también el tema astral es un conjunto de fuerzas que se tienen que examinar globalmente para determinar los gustos, las predilecciones y las afinidades con otras personas.

El signo solar proporciona la nota fundamental, pero para obtener la *melodía* es necesario el apoyo de otros instrumentos, que en el caso de las relaciones interpersonales —y en particular las relaciones afectivas— están constituidas por el ascendente y los planetas Luna, Venus y Marte.

Aspectos con el ascendente

Como hemos descrito en los capítulos precedentes, el ascendente se corresponde con las actitudes espontáneas innatas del individuo y con su forma de presentarse a los demás. Al ser la primera imagen que la persona da de sí mismo, es fundamental para provocar atracción o antipatía: impresiones que pueden confirmarse o desmentirse luego, cuando el conocimiento se hace más profundo. Por lo tanto, es bastante común que el nativo de un determinado signo zodiacal sienta a primera vista simpatía por las personas que tienen el ascendente en el mismo signo, a las que ve como sus similares.

El ascendente es además particularmente importante en la determinación de afinidades de pareja, puesto que se opone al descendente, que delimita la VII Casa, comúnmente llamada la *Casa del matrimonio,* pero que con más precisión se podría definir como el sector en el que la persona encuentra su otro yo; su forma de comportarse en este encuentro es lo que se espera de esa relación. Para valorar la atracción entre dos personas y la posibilidad de evolución en una unión verdadera, son por lo tanto muy importantes los aspectos que implican el eje ascendente-descendente y los planetas situados en las Casas I y VII.

Los luminosos: el Sol y la Luna

El Sol y la Luna constituyen los elementos más importantes para determinar las afinidades en una relación íntima: se tienen que considerar como pareja, que constituye la polaridad de base de la personalidad: lo masculino y lo femenino, lo consciente y lo inconsciente. Normalmente es fácil la relación con un nativo del propio signo, aunque esto no sea suficiente para llegar a un entendimiento sentimental. El hombre se siente a menudo bastante atraído por las mujeres nativas del signo en el que se encuentra su Luna (por ejemplo, un nativo Tauro con la Luna en Sagitario se sentirá atraído por las mujeres Sagitario); sea porque evocan el recuerdo materno o porque encarnan su imagen de mujer ideal. En esta relación, la mujer ejerce una atracción muy especial sobre el hombre porque hace vibrar en él las cuerdas del inconsciente, evoca sus fantasías y al mismo tiempo las realiza: un contacto astral similar es por lo tanto bastante significativo en una relación de amor, índice de una correspondencia directa entre las dos polaridades masculina-femenina. Muy a menudo el hombre se siente atraído también por mujeres que tienen la Luna en el mismo signo en el que se encuentra la suya (por ejemplo, el hombre con la Luna en Leo atraído por una mujer con la Luna en

Leo); el mecanismo es bastante similar al anterior, pero en este caso es la feminidad de la mujer la que conquista al hombre; los dos se encuentran muy bien a nivel emotivo y se comprenden sin dificultad, pero existe el riesgo de que se trate de un contacto monocorde, entre dos formas de sentir demasiado similares que no se estimulan recíprocamente. También es interesante el caso en el que es el Sol del hombre el que se encuentra en el mismo signo que la Luna femenina (hombre nativo Piscis y mujer con Luna en Piscis): en este caso el hombre se deja seducir más conscientemente, mientras la mujer encuentra en la pareja a la persona que sabe comprender sus necesidades emotivas y satisfacer sus fantasías.

Obviamente, cuando en estas combinaciones los astros implicados están en conjunción entre ellos, la influencia de la configuración es mucho más sentida y constituye una estrecha relación entre las dos personas.

Es muy estimulante el caso en el que las Lunas de los dos se encuentran en signos opuestos (ejemplo: él Luna en Libra y ella Luna en Aries) o el Sol de uno y la Luna del otro se encuentran en signos opuestos (ejemplo: él con el Sol en Géminis y ella con la Luna en Sagitario): aunque se necesita realizar un pequeño esfuerzo de comprensión para componer la diversidad, se trata de relaciones con un intenso intercambio de experiencias, en las que los dos miembros se completan recíprocamente y pueden darse realmente mucho.

Venus y Marte

Los planetas Venus y Marte constituyen factores decisivos en las relaciones amorosas. Venus representa el mundo de los sentimientos, las dotes de atracción que se ejercen sobre la potencial pareja: en el tema femenino indica de qué forma la mujer «se da» a sí misma, en el tema masculino indica a qué señales es más sensible el hombre. Marte indica el impulso, la pasión, la carga necesaria para la conquista: en el tema masculino caracteriza el tipo de virilidad y de pulsión sexual, en el tema femenino representa la figura del hombre más deseado y la iniciativa para llamar su atención.

La relación entre Venus y Marte reviste, por lo tanto, una importancia básica para determinar las posibilidades de entendimiento afectivo global y en particular la atracción física y el entendimiento erótico. La conjunción de una pareja Venus uno con Marte el otro es una señal segura de gran atracción recíproca: cuando entre dos personas subsiste este contacto astral incluso involuntariamente, en el primer encuentro se advierte esta especie de tensión hacia el otro, que desemboca en una relación muy intensa y comprometida en el aspecto sexual: se trata de amor apasionado, que une a las dos personas con una necesidad física intensa. La pareja funciona por lo tanto muy bien a nivel instintivo, y si no existen otras señales de desacuerdo, la conjunción Venus-Marte, puede constituir el punto de fuerza de una unión siempre alegre, pero templada. Un efecto similar, aunque menos marcado, se tiene cuando Venus de un miembro de la pareja y Marte del otro se encuentran en el mismo signo pero no forman una conjunción.

Los aspectos propicios (sextil, triángulo) entre Venus y Marte de los dos miembros de la pareja son bastante benéficos, no sólo haciendo fácil el entendimiento sexual, sino aportando armonía, que puede durar largo tiempo porque está constantemente recargada de energías afectivas.

Los aspectos negativos (cuadrado, oposición) son muy a menudo una señal de alta tensión sexual y por lo tanto, a menudo se manifiestan en encuentros de duración breve, en las aventuras. Un entendimiento más profundo se presenta difícil porque, aunque es muy estimulante, una relación caracterizada por este aspecto es contradictoria, llena de incomprensiones o de peleas: los deseos de uno tropiezan con la voluntad del otro.

También las relaciones entre Venus y Venus, Marte y Marte son bastante significativas. Una relación Venus-Venus es señal de dulzura y afectuosidad en la pareja; una relación inarmónica señala una diversidad que puede hacer más emocionante, aunque menos satisfactoria, la relación, sin llegar a comprometer el éxito. En cambio, es más esencial una buena relación Marte-Marte puesto que los aspectos disonantes tienden a crear aversión y competitividad en la pareja.

Este breve repaso general sobre componentes astrales que determinan las posibilidades de entendimiento en las relaciones afectiva nos introduce en un campo mucho más amplio y fascinante: la sinastría, un sector específico de la astrología que estudia la comparación de los temas natales de dos personas para descubrir las afinidades, los puntos de fuerza de la unión, las divergencias y los problemas que se tienen que resolver.

La comparación sinástrica es muy útil para la pareja deseosa de desvelar las misteriosas tramas que regulan el amor, para entender mejor incluso el porqué de ciertas incomprensiones y la mejor forma para superarlas.

La sinastría no se aplica sólo a las relaciones sentimentales, sino a cada tipo de contacto interpersonal: amistad, relaciones de trabajo, etc. Según los casos, serán distintos los planetas encausados y será distinta la valoración de los distintos aspectos astrales.

Herencia astral

Las afinidades que se encuentran comparando las cartas astrales de padres e hijos merecen una atención particular: se puede hablar de una verdadera herencia astral que se transmite a la prole, así como se transmiten las características somáticas, temperamentales, etc. Esta unión astral entre el hijo y el padre no implica principalmente el signo solar: puede suceder que el hijo nazca bajo el mismo signo zodiacal del padre o de la madre, pero se trata de una probabilidad que por motivos obvios no se puede asumir como constante de herencia. En cambio, es muy frecuente que el hijo nazca con el ascendente en el mismo signo de uno de los padres: por ejemplo, un padre Aries y el hijo con el ascendente en Aries. Este es un factor bastante significativo puesto que el ascendente se basa en la hora de nacimiento y en cualquier fecha es posible nacer con el ascendente en cualquiera de los 12 signos. En este caso, el hijo asume actitudes y comportamientos inspirados por la personalidad del padre en cuestión y a menudo se le parece físicamente.

Es también bastante frecuente que el hijo tenga el ascendente en el mismo signo que el ascendente de uno de los padres, y en este caso los dos se parecen mucho en la forma de actuar y de expresarse más inmediata.

La posición de la Luna es una expresión de una unión particular con uno de los progenitores, cuando cae en el signo solar de uno de ellos (ejemplo: padre nativo de Géminis e hijo con Luna en Géminis). Si el progenitor en cuestión es la madre, es señal de una estrecha relación emocional y de una fuerte influencia materna sobre el hijo, que si es de sexo masculino tenderá a buscar una mujer similar a la madre, mientras que si es de sexo femenino se identificará fácilmente con la figura materna y en ella se inspirará para construirse su propia feminidad.

El discurso es similar cuando es el padre el que está implicado en esta correspondencia astral: El hijo tomará más fácilmente al padre como figura de referencia, sobre todo en la infancia. Si es una mujer, nutrirá un amor especial por el padre; si se trata de un niño su sensibilidad y su visión de la mujer se verán influenciadas por la herencia paterna. A menudo el hijo hereda la misma posición lunar de uno de los progenitores: expresión de una intensa unión emotiva, de un apego particular y de una identificación inconsciente con el padre interesado, sobre todo en la infancia.

Estas son las correspondencias astrales más frecuentes que constituyen los elementos de la herencia astral entre los padres y los hijos; pero el discurso podría continuar, remontarse a los abuelos y a los bisabuelos, para descubrir los lazos astrales que siguen el dibujo de la herencia de carácter, gustos, talento y defectos que se transmiten en las generaciones de una familia. Así como algunas señales físicas o de la personalidad, también algunas transmisiones saltan una generación y se podrían encontrar con claridad remontándose hacia atrás en el tiempo. Una búsqueda fascinante que puede tocar los argumentos más diversos relacionados con la familia: desde los problemas hereditarios hasta la psicología familiar, la genealogía, el seguimiento de actividades y empresas familiares. Pero sobre todo, la herencia astral representa otra ocasión para descubrir la armonía existente en el cosmos; el mensaje genético transmitido del padre al propio hijo encuentra su confirmación en las estrellas.

La influencia de los planetas lentos sobre las costumbres y la sociedad

Urano, Neptuno y Plutón son los planetas más lentos, que se mueven por la banda zodiacal sólo unos pocos grados al año, estacionando en el mismo signo durante mucho tiempo.

Por lo tanto, se entiende porqué tienen la importante característica de influenciar a generaciones enteras, dejando una huella particular de un determinado periodo histórico.

Hemos visto en las páginas anteriores cuál es su papel individual; en este capítulo intentaremos describir en cambio su influencia generacional y ver cómo encuadran el clima relativo a nuestra fase histórica.

Pero antes de continuar, veamos cuál es el movimiento efectivo de estos planetas.

Urano, el más rápido de los tres, realiza una vuelta completa al zodiaco en aproximadamente 80 años y, por lo tanto, se trata del último planeta que puede volver a su posición original durante la vida humana. El tránsito de Urano en un signo dura 6-7 años aproximadamente.

Neptuno realiza en cambio una vuelta completa al zodiaco en aproximadamente 164 años. Su estancia en un signo dura por lo tanto unos 13 años.

Plutón, finalmente, el planeta más lento, realiza un giro al zodiaco en unos 250 años, cambiando de signo cada 20 años aproximadamente.

Estas cifras son suficientes para dar una idea de la gran importancia de estos planetas, que marcan los ritmos más amplios del *reloj* zodiacal y, en su cíclica disposición en uniones armónicas e inarmónicas entre ellos, han acompañado los acontecimientos más importantes de nuestra historia.

Las influencias generacionales

Urano

Como ya hemos explicado en las páginas anteriores, el planeta Urano es una fuerza dinámica que representa la consciencia individual de uno mismo, los impulsos hacia la renovación, los cambios drásticos, la voluntad de alcanzar un objetivo preciso mediante el uso de los medios que se disponen; por lo tanto, es también el planeta de la tecnología, de la eficiencia utilitarista. El tránsito de Urano en los signos zodiacales determina por lo tanto la disponibilidad a las innovaciones, el activismo y el dinamismo del gran número de personas nacidas con las mismas posiciones zodiacales del planeta, y las mismas situaciones sociales y colectivas capaces de movilizar las energías para un objetivo inmediato. Ejemplo clásico es el de la generación de los sesenta, caracterizada por la posición de Urano en Géminis: signo intelectual, por excelencia, que representa el estudio, la cultura, la información, objetos de la histórica protesta; bajo su influencia la voluntad asumió matices de exhibicionismo impertinente, pero también un hiriente espíritu crítico y una gran frescura expresiva. En la generación inmediatamente siguiente, la presencia de Urano en Cáncer (aproximadamente de 1949 a 1955) ha dado una orientación más tradicionalista, una viva sensibilidad hacia los valores hedonistas, pero en el extremo opuesto también ha suscitado manifestaciones de fanatismo ideológico. La actual generación de *yuppies* de unos treinta a treinta y cinco años está caracterizada en cambio por la posición de Urano en Leo, que excita la voluntad de afirmación de forma orgullosa e individualista, atenta al prestigio social y formal.

Los nacidos de 1962 a 1968 están unidos por la presencia de Urano en el signo de Virgo: por lo tanto, una generación de técnicos eficiente y consciente, realista y bien organizada a la hora de escoger las formas y los tiempos de realización, sin demasiados idealismos.

Los jóvenes nacidos desde 1969 hasta 1974 se caracterizan por la posición de Urano en Libra; bajo un aspecto tranquilo y diplomático, esconden un extremado rigor; observadores atentos, juzgan con lucidez, pero intentando comprometer la armonía social y la propia serenidad.

La generación de jóvenes nacidos entre 1975 y 1981 se caracteriza por la situación de Urano en Escorpio, que proporciona a estos jóvenes un espíritu de afirmación original, creativa, combativa, acompañada de anticonvencionalismos, curiosidades experimentales por todo lo nuevo y dotados de una drástica capacidad de decisión.

Los niños nacidos entre 1982 y 1988 se caracterizan por la presencia de Urano en Sagitario: en ellos, la voluntad de afirmación tendrá que alimentarse con un ideal y estará dirigida a alcanzar valores morales seguros, que compensen la inquietud y el cambio de objetivos.

En los nacidos en los años 1989 y 1990, y también en los siguientes hasta 1995, Urano en Capricornio reforzará un real y desencantado sentido práctico, ambiciones atentas y cuidadosamente perseguidas con técnicas cada vez más perfeccionadas.

Los nacidos desde el 1995 hasta el año 2003 tendrán Urano en su signo, Acuario. Será una generación innovadora y con gran sentido de la anticipación e inventiva. Combinarán un alto sentido del individualismo con actitudes más altruistas y grupales.

Neptuno

Neptuno representa la inquietud que empuja hacia el cambio y la aventura, expresa las aspiraciones ideales o espirituales, el sentido y las sugestiones colectivas, inspira la capacidad de imaginar un mundo diverso y de plasmar las fantasías a través de la expresión artística y creativa. El tránsito de Neptuno en los signos influye por lo tanto en la evolución de las costumbres, en la forma de pensar, en las exigencias espirituales y en la disponibilidad hacia otras experiencias que permitan trascender la realidad: elementos que acercan las generaciones nacidas con una determinada posición zodiacal de Neptuno.

Al tránsito de Neptuno en Virgo, en los años que van desde 1929 hasta 1943, correspondieron de hecho costumbres bastante castigadas, una mentalidad prudente pero rígida que se ocupaba sobre todo de los valores del trabajo, del ahorro y del sacrificio; reducidas las aspiraciones de cambio; las aperturas hacia el futuro estaban dirigidas principalmente hacia los intereses en el campo técnico y científico.

Con el paso de Neptuno por el signo de Libra, en los años que van desde 1943 hasta 1956, se inició una fase de evolución moderada de las costumbres, la manifestación de una nueva sensibilidad en el campo social y también de los valores hedonistas; se nos concedía algo más, la mentalidad se hizo gradualmente más abierta aunque siempre rigurosa en el aspecto moral.

Fue el paso de Neptuno por Escorpio, entre los años 1956 y 1969, el que inauguró una revolución más radical de las costumbres, que se puso en marcha en esos años y que más tarde vivieron personalmente los nacidos con esta configuración; se abrió camino una cierta ausencia de recursos y una actitud de rebelión hacia reglas y convenciones que intentaban separarse drásticamente del pasado, a través de manifestaciones creativas pero también agresivas y en algunos casos incluso autodestructivas.

El paso de Neptuno por Sagitario, entre los años 1969 y 1984, ha llevado a una mentalidad con más prejuicios, más tradicional; los valores morales adquirieron de nuevo su importancia, en la renovada exigencia de serenidad y seguridad que los nacidos con esta posición de Neptuno han desarrollado mucho en su interior, dando vida a una generación de fuertes principios morales, de idealismos sabios y convencionales, pero también sensible a la llamada de la aventura.

El actual paso de Neptuno por el signo de Capricornio, desde el año 1985 hasta 1997, corresponde con un replanteamiento de la mentalidad social, con un impulso colectivo de menor idealismo; los planteamientos técnicos y prácticos regulan la forma de pensar y en el campo social se reafirma un moralismo rígido, acompañado de un cierto autoritarismo. Los nacidos con esta posición en Neptuno serán por lo tanto poco permeables a la sugestión de idealismos y utopías, dejándose convencer sólo por las pruebas concretas, de intereses y realidades concretas.

Desde 1997 hasta febrero de 2012, Neptuno transitará en Acuario, dando una generación contrapuesta a la anterior, más permeable a los idealismos y utopías, personales y colectivas, pero teniendo en cuenta muchos atenuantes teóricos como para que se dé una continuidad sin sufrir decepciones. En el aspecto negativo puede traer cierto desajuste social o una excesiva entrega a la novedad y a la evasión.

Plutón

Plutón representa las fuerzas vitales, los impulsos creativos y evolutivos que nos llevan a desarrollar las potencialidades latentes, pero que pueden pasar a través de una fase destructiva; nos lleva a la raíz de los problemas e influye sobre los objetivos y las decisiones finales, poniendo en evidencia las necesidades de transformación más radicales.

En el primer tercio de nuestro siglo, exactamente en los años que van desde 1913 hasta 1938, el tránsito de Plutón por el signo de Cáncer marcó una época de conservadurismo, en el que los recursos se dirigían a la defensa, al mantenimiento de la seguridad y la tradición, mientras la creatividad se orientaba en sentido hedonista. La generación nacida en este periodo está unida por un fuerte lazo con el pasado, por un tradicionalismo sentimental. Desde 1938 hasta 1957, el paso de Plutón por Leo provocó en cambio manifestaciones evidentes de la voluntad de poder, del individualismo, de la vitalidad enérgica y autoritaria, decididamente eufórica incluso en sentido destructivo; los nacidos en este periodo se caracterizan por la audacia, la seguridad en sí mismo y una aversión hacia las obligaciones y las reglas.

El paso de Plutón por el signo de Virgo, desde 1957 hasta 1971, se corresponde con una orientación más cauta, más atenta a disciplinar las energías, a afinar los recursos técnicos y productivos, en una óptica de reflexión más dirigida hacia la conservación que a la evolución; la generación nacida con esta posición en Plutón se ha interesado, poco dispuesta a arriesgar, por el medio ambiente y la ecología.

Desde 1971 hasta 1984, el paso de Plutón por Libra ha marcado una fase de revisión, de análisis crítico respecto al pasado, en vistas a una futura evolución social. Plutón influye en la generación nacida en este periodo, limitando los impulsos individualistas e inclinando hacia el interés social, a la búsqueda de la justicia y de la verdad con un rigor irreductible.

Desde 1984, Plutón está en tránsito por Escorpio, signo en el que ha estado hasta 1995: en este tránsito el planeta expresa al máximo su fuerza, provocando alteraciones y tensiones, ideas y descubrimientos nuevos, pero también destacando los problemas existentes. La generación nacida bajo esta influencia está particularmente determinada en sus metas, decidida a renovar, agresiva al afirmar las necesidades de cambio, que asume el carácter de lucha por la supervivencia.

Finalmente los nacidos entre 1996 y 2008 tendrán a Plutón en Sagitario. Serán por naturaleza de espíritu libre, justiciero y muy exigentes con lo que consideran que es su derecho, queriendo ver hechos realidad, a corto plazo, sus deseos. Será una generación que vivirá condicionada por los efectos de la mundialización y por los regionalismos, con todas las ventajas e inconvenientes orientados a todas las preguntas clave: cómo vivir la vida, entender los valores y la fraternidad.

La astrología mundial

Obtener previsiones mundiales a partir de la observación de los tránsitos astrales en los signos y de los aspectos que los planetas forman entre ellos, es una tarea delicada y compleja, y sobre todo, es difícil transferir a un lugar preciso de nuestro planeta Tierra las señales que se pueden leer en el cielo, y prever determinados acontecimientos históricos o políticos, a pesar de que hay personas que desafían a los astrólogos para que lo hagan. De todos modos, es innegable que la disposición de los astros influye no sólo sobre las personas, sino sobre el conjunto de personas, que forman la sociedad, organizada en naciones y estados; como ya hemos visto, influye en las generaciones, en la mentalidad, en las costumbres, y también en el desarrollo histórico y en las tendencias que luego desencadenan los acontecimientos.

El periodo actual está caracterizado por una acumulación de planetas en el signo de Capricornio: Neptuno, Urano y Saturno (este último, que ha transitado en el signo desde finales de 1988 hasta principios de 1995, no ha sido examinado en las páginas anteriores pero tiene de todos modos un papel fundamental en el análisis global). Esta concentración astral en un signo como Capricornio marca muy bien el ambiente de estos años difíciles, en el que parece que se vuelven insostenibles los idealismos y las utopías, y se impone una visión más fría de la realidad, para una sociedad ordenada, eficiente y organizada, que quiere protegerse y conservarse, aunque en el fondo es más sensible a los valores materiales que a los problemas humanitarios; una época de desarrollo y realización práctica, pero que vivió una devaluación de la esfera del sentimiento y de la creatividad pura.

Aspectos astrales de gran importancia se han desarrollado en estos años y marcan los grandes acontecimientos de nuestra época, que se incluyen en esta tendencia de reestructuración global. La simultánea presencia de Plutón en Escorpio es el índice apuntando sobre los problemas de contaminación y degradación ambiental: Escorpio gobierna los procesos de transformación de la energía y de eliminación de los desechos y, por lo tanto, está estrechamente relacionado con el dramático resurgir de estos problemas. Hasta el año 1995, año en que Plutón pasa a Sagitario, los problemas de orden energético y ambiental se habían seguido acentuando y se habían agudizado con Plutón ya en este otro signo, haciéndose más internacionales; lo mismo ocurría con los problemas derivados de migraciones, cuestiones raciales y religiosas, diplomacia y jurisprudencia.

Entre 1996 y 1999, primero Urano y luego Neptuno ingresan en Acuario, y así se inaugura un cambio: se da un impulso más decidido al desarrollo científico y tecnológico, pero también surge un renovado fervor ideológico y una sensibilidad más difundida hacia valores de humanidad y solidaridad, que se fortalecerán con Urano en Piscis, desde 2003 hasta 2009, aunque desde criterios diferentes, que prometen grandes arreglos o mayor confusión en las políticas a seguir. Esta posición traerá una revolución en la medicina y en las ayudas a damnificados.

No podemos examinar con detalle todas estas configuraciones astrales tan significativas en esta obra, pero sí podemos decir que están siendo decisivas y que involucran a casi todo el mundo.

Tercera parte

LA INTERPRETACIÓN DE LA FICHA ASTROLÓGICA PERSONAL

por *Francesca Garro*

Las páginas siguientes dan la posibilidad de profundizar en el conocimiento del propio tema natal: basándonos en los cálculos efectuados anteriormente se sugiere el significado del ascendente y la influencia de la Luna. Se analiza también la influencia de Júpiter y Saturno.

Si es Escorpio con ascendente...

Escorpio con ascendente Aries

Los dos signos están gobernados por Marte, en consecuencia tenemos la exaltación del espíritu luchador, audacia que puede empujarnos fácilmente hasta la temeridad y un considerable empuje autoafirmativo. Estas analogías dan a las características individuales de los signos posibilidades de compenetrarse y reforzarse. Otros atributos son, en cambio, totalmente contrarios y crearán contradicciones y alguna dificultad de carácter. Los individuos con esta combinación se sienten en la encrucijada entre el impulso a actuar antes de reflexionar (tendencia de Aries) y a la exigencia de organizarse con eficacia para no fracasar. A menudo optan por la acción a cualquier precio puesto que no saben aplazar y tienden a ser hiperactivos. Saben ser tan radicales en las elecciones como sencillos al exponer sus ideas. No son tipos fáciles, no les gustan los compromisos, pero saben darse a una causa con entusiasmo, vitalidad y despiadada eficacia.

Escorpio con ascendente Tauro

Puesto que el Sol cae en la séptima Casa zodiacal de estos sujetos, muy a menudo es en la esfera de las asociaciones, matrimonios y relaciones importantes con el prójimo donde se realizan las mayores inversiones de libido. Es muy importante para su equilibrio personal que consigan entablar relaciones afectivas y/o asociativas satisfactorias y gratificantes. El aspecto conflictivo de estas personalidades es la manía de poseer, de absorber a la pareja; en este sentido, tendrían que intentar mejorar para no arriesgarse a deteriorar las relaciones.

A menudo tienen predisposiciones artísticas, les gusta disfrutar de la buena mesa y de los placeres de la vida. Naturalmente, la satisfacción erótico-sexual es de máxima importancia y a menudo se convierte en el eje de su vida afectiva. Están dispuestos a múltiples experiencias para poder encontrar a una pareja capaz de corresponder a su cálida pasionalidad.

Escorpio con ascendente Géminis

Su aguda inteligencia y la predisposición a funciones mentales de análisis y síntesis de la máxima eficacia son el motivo de orgullo de esta combinación. No saben dejar de pensar, elucubrar, hacer proyectos e idear. Brillantes y extrovertidos, a veces taciturnos y misteriosos, saben ser tipos interesantes como pocos y consiguen atraer a sus redes a todos aquellos que se dejan engañar por su aparente disponibilidad, por su brillante elocuencia. La verdad es que son, a causa de su destacado sentido crítico, sujetos bastante difíciles; cabe citar su despiadado sarcasmo y su cinismo, que dejan muy poco espacio a los buenos sentimientos y a la buena fe. Les gusta polemizar sin razón aparente, en ocasiones, sólo por el placer que obtienen poniendo en dificultades al prójimo. Los relaciones afectivas están destinadas a multiplicarse durante su vida: las parejas fracasan a menudo porque agotan sus fuerzas. Estos Escorpio acumulan continuamente tensiones que no consiguen descargar debidamente, con los consiguientes desequilibrios neurovegetativos.

Escorpio con ascendente Cáncer

Se trata de individuos particularmente solitarios, taciturnos, misteriosos y dotados de una riqueza interior inmensa, que no dejan entrever en situaciones normales. Es necesario que nos acepten como parte de su mundo para conseguir conocerlos, entenderlos y apreciarlos. Muy a menudo tienen tendencias artísticas destacadas que exteriorizan durante su tiempo libre pintando cuadros o escribiendo poesías en las que su vena creativa sabe expresar y evocar intensas emociones. Primero dulces y tiernos, después sombríos y testarudos, es necesario tener una naturaleza un poco similar a la suya para conseguir convivir con ellos; sobre todo en amor necesitan a alguien que se dedique a ellos completamente, en perfecta comunión de cuerpo y de espíritu. A menudo esta combinación hace que los sujetos sean sensibles e intuitivos.

Escorpio con ascendente Leo

Es la combinación más típica que caracteriza las personalidades fuertes, que no saben perder, aquellos que luchan constantemente para sobresalir y alcanzar la autoafirmación. Los altos ideales del Yo Leo encuentran un apoyo adecuado en la tenacidad y la inteligencia del Escorpio, de forma que casi siempre estos sujetos alcanzan las metas que se han prefijado: tanto en amor como en la carrera. Normalmente escogen la profesión independiente puesto que no toleran limitar la libre expresión de sí mismos; son auténticos líderes, dispuestos a afrontar con coraje y decisión incluso la responsabilidad que este papel comporta. Puede gastar grandes energías para realizaciones en la carrera política: la sed de poder es grande y podemos citar al Rey Sol, Mussolini y Napoleón como ejemplos pretenciosos quizá pero que aclaran el concepto. Nada los detiene, por lo menos sin que hayan luchado duramente; de esta forma, incluso las conquistas amorosas son batallas que tienen que ganar a cualquier precio, con tenacidad y pasión.

Escorpio con ascendente Virgo

La influencia del signo de Virgo complica posteriormente la naturaleza, ya compleja de por sí, de un tipo Escorpio. Son muchas las contradicciones con las que debe convivir y son difíciles de aceptar con plenitud y equilibrio los compromisos consigo mismos.

A las aparentes exigencias de orden y racionalidad se oponen fuertes pulsiones interiores de revolución, pasiones e inquietudes que tienen que encontrar una vía de realización. Si en el tema personal predominan los valores Tierra nos encontraremos probablemente con sujetos con vidas menos tortuosas, que enfocan hacia metas concretas y que sólo raramente cambian de objetivos. Si los signos de agua son fuertes la realización interior se convierte en una necesidad imprescindible de cada equilibrio psíquico y físico. A menudo encuentran gratificantes satisfacciones en la escritura.

Escorpio con ascendente Libra

Se trata de individuos de apariencia muy agradable y de fino magnetismo. En ellos, a menudo los gestos parecen calculados, el tono de voz es cálido y nunca excitado. Translucen un estado de calma que seguramente no es del todo aparente, pero que muestra, más que otro, el aspecto de una meta interior, a la cual llegar como resultado de un perfecto estado de equilibrio entre ellos mismos y el mundo exterior. La sociabilidad del ascendente no permite los aislamientos, ni las actitudes inconstantes que tanto gustan al Escorpio; de esta forma tendremos, con esta combinación, a sujetos bastante contradictorios en las relaciones: demuestran una disponibilidad mucho más aparente que real y espontánea.

Buscan en todo una perfección bastante alejada de poder ser conquistada en la vida diaria. Y por ello son unos eternos insatisfechos. Si el tema individual lo confirma, algunos pueden llegar muy cerca a formas de moralidad superior que rozan la sabiduría.

Escorpio con ascendente Escorpio

Como es fácil de imaginar, en esta combinación faltan las medias tintas; equivale a individuos que tienden al exceso y que les cuesta aceptar sanos compromisos existenciales.

La inteligencia es muy intuitiva, brillante y audaz en las especulaciones intelectuales. Es suficiente con mirarles para tener una clara idea del trabajo incesante de su mente. Mirada aguda, indagadora, siempre inconstante al inicio y tensa en el momento de estudiar cualquier movimiento. Aparecen radicales y drásticos en las elecciones y en cada situación, puesto que el Sol está a menudo en conjunción con el ascendente, y esto hace que los riesgos de egocentrismo no permitan ni siquiera examinar ideas alternativas a las propias.

El amor es gran pasión y si Venus en otros signos los suaviza un poco sabrán ser capaces de una gran dedicación a la pareja, siempre que con ello consigan tenerlo en exclusiva y totalmente en su poder.

Escorpio con ascendente Sagitario

El calor de Sagitario es perfecto para calentar la natural reserva del Escorpio. Ávidos de experiencias, como valientes y temerarios capitanes mercenarios de otros tiempos. Actualmente estos tipos buscan la gratificación y la superación del estrés diario emprendiendo a menudo viajes hacia países lejanos, en busca de experiencias distintas y culturas bastante diferentes de la nuestra.

Se sienten también atraídos por todo lo que tiene la posibilidad de expandir el estado de conciencia: yoga, meditación, enseñanzas esotéricas.

Son espíritus libres, preparados para sacrificar casi todo en nombre de la libertad de acción y de pensamiento. De apariencia afable y calurosa, están siempre a punto para retraerse y defenderse si captan la intención de los demás de hacerles caer en una trampa o limitarlos. Sobre todo en amor buscan las uniones abiertas, que funcionen dejando la posibilidad de espacios de libertad individual.

Escorpio con ascendente Capricornio

Marte, Plutón y Saturno son los gobernadores de los dos signos en cuestión y queda claro que en estos sujetos les faltan atributos como la sociabilidad y la indulgencia; los sentimentalismos además, son asuntos desconocidos.

Por otro lado, tienen cualidades fantásticas: son tenaces y serios en los propósitos, tanto como sea necesario para lograr todo lo que se proponen. Son de absoluta confianza desde cualquier punto de vista puesto que saben hacerse cargo de grandes compromisos y llevarlos a término, cueste lo que cueste. Su sentido de la responsabilidad es grande y los consume con sentimientos de culpa despiadados si no saben mostrarse a la altura de la situación. Normalmente tienen pocas amistades y no pierden tiempo con quien no está a su nivel intelectual.

El amor es la válvula de escape de tantas tensiones; si encuentran a la pareja adecuada bajan la guardia y saben entregarse con pasión; este es, para ellos, el reposo del guerrero.

Escorpio con ascendente Acuario

Son a menudo personalidades agitadas y contradictorias. No saben estar tranquilos, buscan siempre algo que hacer, algo que inventar; les gusta discutir, criticar, polemizar. Buscan compañía para embriagarse de proyectos y utopías y luego, en la soledad, ponen todo en cuestión, incluso a sí mismos, con ganas de mandar a paseo los sueños y la realidad. La extroversión de Escorpio y la imprevisibilidad con que Urano crea a su alrededor la fama de que son muy excéntricos, imprevisibles, bastante individualistas, a punto para contradecir las reglas y rechazar violentamente cualquier atisbo de conformismo o prejuicio. Fundamentalmente, tienen la necesidad de sentirse rebeldes, distintos de la masa para reconocerse y aceptarse. En efecto, les atrae todo lo particular y por ello cultivan intereses esotéricos, se sienten atraídos, seducidos por lo paranormal, les gusta la astrología. Viven amores difíciles porque necesitan implicarse intelectualmente... y huyen de ello para buscar abandonos instintivos y pasionales.

Escorpio con ascendente Piscis

El Agua del Piscis hace que la naturaleza del Escorpio sea más moldeable, más soñadora y necesitada de pertenecer a algo o alguien.

Sufren a menudo de soledad interior pero no se conforman con relaciones sociales poco profundas; para ellos es importante sentirse realmente en plena comunicación de espíritu con las personas que frecuentan. Tienen pocos amigos fieles a los que consiguen transmitir por lo menos una parte de su producción creativa, fruto de la fecunda e inagotable riqueza interior. Es esencial que consigan expresarse manifestando las emociones; por ello suelen pintar y muy a menudo escriben poesías, y saben música. Aman locamente, hasta alcanzar los límites de la negación individual.

Normalmente caen en los excesos y están sometidos a inmersiones en el inconsciente bastante estimulantes pero peligrosas.

Si es Escorpio con la Luna en...

Escorpio con la Luna en Aries

Marte gobierna los dos signos, por lo tanto el rasgo que los caracteriza es ser fogosos, vitales y agresivos y su tendencia a malgastar las energías. La respuesta a los estímulos es inmediata; la inteligencia brillante pero inconstante, con alguna dificultad de concentración.

En conjunto, la personalidad de estos individuos es muy genuina, radical en la forma de plantearse y en la calidad de las elecciones realizadas. A menudo se muestran despreocupados por las exigencias ajenas debido a una prepotente sed de autoafirmación.

En amor viven pasiones no exentas de dramas, pequeños o grandes, de celos. El ideal de mujer, para un hombre con esta combinación, es sin duda un tipo enérgico, capaz de tomar iniciativas, sexualmente exuberante y dispuesta a discutir sobre todo con gran fervor. Si hablamos en cambio de una mujer, su tipo de hombre ideal tendrá que ser inteligente, dinámico, fiel y, sobre todo, tendrá que aceptar con placer dejarle un papel de guía en la pareja puesto que sin duda se trata de una mujer fuerte, que sabe imponerse.

Escorpio con la Luna en Tauro

Opuesta a 180° en el zodiaco, esta Luna en Tauro opone y propone, a la naturaleza Escorpio, características complementarias.

Encontrar un equilibrio para estos nativos puede no ser sencillo, pero los puntos fuertes sobre los que basar la existencia son, esencialmente, la gratificación afectiva y sexual y una cierta autoafirmación en términos materialistas.

Para ella el hombre del destino es un tipo pasional, reservado, capaz de dedicarse a la familia, fuerte y eróticamente exuberante. La mujer capaz de conquistar al Escorpio-Luna en Tauro es muy femenina, le gusta cocinar manjares y no le cansa desarrollar un trabajo en casa o fuera de ella.

Todos los exponentes de esta combinación deberían disciplinarse y ser menos posesivos y mucho menos testarudos.

Escorpio con la Luna en Géminis

La vida de relación de estas personas no resulta muy fácil, por el simple motivo de que es muy difícil, críticos como son, que encuentren a alguien que les vaya bien.

Tienen un humor sarcástico, punzante; son capaces de aplastar al prójimo con un toque sutil, intelectual y feroz. Son pocos los que se sienten capaces de competir con ellos para una relación o una amistad a largo plazo. Si Mercurio y Marte están bien situados en el tema personal, y también si no lo están, con esta combinación se obtienen muy buenos maestros de dialéctica, escritores muy capacitados e incluso simplemente interlocutores muy hábiles, capaces de embaucar a cualquiera. El tipo de mujer ideal para un sujeto similar nos lo indica su propia posición lunar: ágil y astuta como un zorro, tan curiosa como él mismo, dispuesta a pasarle por alto numerosos defectos. Ella desea un hombre capaz de divertirla, de llamar su curiosidad y, al mismo tiempo, capaz de gestionar con firmeza las indecisiones, su carácter imprevisible y su inconstancia.

Escorpio con la Luna en Cáncer

La vida emocional de estos sujetos es turbulenta: pasan de estar bajo el Agua en angustiosas apneas a estar fuera del Agua en estados de excitante creatividad. Siempre los gobierna el Agua, sensible y receptiva. Son serios y profundos, pero esconden una naturaleza infantil, soñadora, esencialmente encariñada con las experiencias del pasado. Se dejan guiar por la intuición incluso para las elecciones más importantes y en el ámbito de la carrera. Cometen difícilmente errores vistosos de valoración, a menos que la implicación emotiva con las situaciones no sea excesiva y consiga desviar sus antenas. La Luna en Cáncer para el hombre Escorpio nos indica un ideal de mujer de características maternales, que sepa protegerlo y dedicarse totalmente. Para ella es importante un hombre que la ayude a exteriorizar las emociones, que la rodee de afecto y calidez y que, como ella, sepa dedicarse a los propios hijos.

Escorpio con la Luna en Leo

Esta combinación pertenece a menudo a personalidades que no consiguen pasar desapercibidas, admitiendo que esto sea un deseo suyo, algo de lo que es lícito dudar. En ellos es esencial la necesidad de estar, de contar, siempre y para todos. Podemos definirla como afán de protagonismo, sin miedo a ofender o equivocarse. Ser protagonista siempre, en el fondo, es un papel que absorbe energías considerables y precisa a menudo estar a la altura de las circunstancias; en caso contrario, uno puede llegar a ser tachado de fanfarrón, cosa que no sucede a personas como ellos, cuya lucidez e inteligencia no dejan la más mínima duda.

No tienen un espíritu de entrega, son impacientes con quien no simpatizan a primera vista, pero saben siempre ser generosos, si deciden que vale la pena. Y si realmente vale la pena se enamoran, no perdidamente sino con el ojo siempre atento en si la pareja está a la altura de las circunstancias.

Tanto ella como él exigen a alguien que... no se pueda evitar amar, admirar, querer, respetar...

Escorpio con la Luna en Virgo

Sólo se plantea el problema de la elección: o abandonarse o resistirse. ¿Y les parece poco? No, sin duda alguna. Es tan agotador mantener el equilibrio como escoger el desorden y la agitación para luego intentar recuperarlo con frenesí neurótico. La despiadada autocrítica de estos tipos no permite relajaciones y autoindulgencias, al contrario, parece que disfrutan demasiado atormentándose la psique. Si se encauzan bien en sentido práctico y concreto, sus energías les dotarían de buenas posibilidades de triunfar profesionalmente y también en las finanzas.

El amor es un altibajo de pulsiones y casi siempre escogen a su pareja en la madurez. Ella busca un hombre fiel en el cual apoyarse en los momentos negativos y que sepa despertar sus instintos reprimidos... Él sueña con una compañera inteligente, servicial, realista y eficiente en la vida diaria.

Escorpio con la Luna en Libra

La agresividad del Escorpio está limitada por la exigencia lunar de equilibrio y armonía. Se trata de una combinación que hace sensibles a los juicios ajenos y a las exigencias del prójimo, algo de lo que un típico Escorpio no tiende a preocuparse nunca.

El gusto estético está muy desarrollado y se inclina por elecciones que satisfagan los aspectos formal y externo, descuidando bastante la intensidad y el contenido. La mayor ventaja es la disponibilidad para buscar el compromiso, evitando decisiones drásticas y luchas abiertas. Con tenacidad y elegancia obtienen óptimos resultados en todos los campos, sin contar el considerable ahorro de energía utilizable en actividades más gratificantes y creativas.

Se percibe con frecuencia este matrimonio solar-lunar en hombres de leyes como abogados y notarios. En amor, los dos sexos buscan a compañeros refinados, románticos, volcados en la máxima realización de la pareja, preparados para dejar intervenir la racionalidad allí donde se presente el peligro de *asfixia* emocional.

Escorpio con la Luna en Escorpio

Partiendo del presupuesto de que la vida es un banco de pruebas general para poder pasar a realizaciones más altas, podremos quizás entender el compromiso y la fuerza constantes que estos sujetos invierten en la vida diaria. Es como si jugaran siempre el todo por el todo, con el riesgo de perderse o encontrarse. Todas las valencias más típicas de Escorpio disponen de espacio para manifestarse: intuiciones diabólicas, agresividad lúcida y eficaz, tendencia a la venganza; y luego: gran inteligencia, capacidad de persuasión, a menudo utilizada sutilmente hacia el prójimo para obtener ventajas personales.

La vida amorosa está teñida de colores fuertes: el rojo-pasión total y el negro-drama de celos. La mujer ideal es un poco *bruja*, en el sentido más amplio del término; el hombre perfecto será pasional y estará dotado de un gran equilibrio interior.

Escorpio con la Luna en Sagitario

Una Luna ingenua, calurosa, expansiva, que pone un poco en crisis la naturaleza del Escorpio que es tan diferente. Las contradicciones no son sólo interiores, se ponen de manifiesto a menudo en comportamientos y elecciones no propiamente coherentes y que ni siquiera satisfacen a estos mismos nativos.

Marte y Júpiter luchan aquí por el predominio de las pulsiones: la guerra o la paz, la agresividad o la cordialidad. El terreno ideal de encuentro está lejos de lo cotidiano, de lo concreto. Si bien es verdad que estos nativos tienen dificultades para solucionar problemas relativos a sus relaciones personales y al trabajo, es también verdad que resuelven con armonía y equilibrio las cuestiones de tipo abstracto. Son felices si consiguen viajar, si pueden dedicarse a especulaciones filosóficas o a investigaciones que estén en contacto con el extranjero.

En amor, las experiencias son múltiples; la mujer busca al hombre serio y al mismo tiempo liviano, sincero y pasional.

El hombre buscará en cambio a una mujer espontánea, simpática, deportista y capaz de mostrarse amiga y compañera en los momentos de crisis.

Escorpio con la Luna en Capricornio

Son personas que tienen asumido un compromiso con la vida: el de vivirla de la mejor forma posible según la propia consciencia. Las reglas morales están en su interior, muy pronto interiorizadas en la infancia y de esta forma en la existencia queda siempre poco espacio para la superficialidad, para los errores gratuitos. Tienen un gran sentido de la responsabilidad hacia sí mismos y hacia el prójimo y a esto es muy difícil escapar.

Los éxitos sociales no le faltan, al contrario, son sujetos que dan siempre lo mejor de sí mismos precisamente en el compromiso laboral y saben alcanzar posiciones elevadas que les permiten alcanzar autonomía y cargos directivos.

En amor tienden a protegerse, tienen problemas para dejarse llevar. Por ello necesitan parejas que les aporten una gran seguridad afectiva, capaces de implicarlos en todo y por todo y de mantener luego el compromiso emocional que, cuando ya ha empezado, está encaminado hacia la totalidad.

Escorpio con la Luna en Acuario

Estos nativos de Escorpio son personas bastante extrañas, fundamentalmente contradictorios, a los que no les bastará una vida para llegar a lo más alto de sí mismos.

Siempre íntimamente insatisfechos, probarán frenéticamente cualquier vía de expresión posible para realizarse. Instintivamente excéntricos en las elecciones de la vida, será fácil encontrarles a contracorriente, siempre en los límites de la normalidad y de lo que habitualmente tiene esa reputación.

A menudo representan a los clásicos idealistas, a los soñadores, que no abandonan las metas fantásticas a pesar de que la vida los acose inexorablemente. El espíritu es joven y ellos a los cincuenta años son jóvenes algo crecidos, a los que les gusta la compañía y polemizar e idear formas de cambiar el mundo. Su energía mental es muy grande, la inteligencia es penetrante e ingeniosa.

En amor no hay reglas, todo es posible... excepto que se casen y lleven una vida monótona entre la casa y el trabajo. Bromas aparte, están abiertos a todas las experiencias, y no será traumático, si fuera necesario cambiar de rumbo; en el fondo, el lado más bonito del amor para ellos es esperar que lo que tiene que venir sea mejor, más satisfactorio y más excitante que lo anterior.

Escorpio con la Luna en Piscis

La sensibilidad y el lado emocional de estos sujetos alcanzan grandes valores puesto que la vida interior rige su comportamiento. La imaginación desenfrenada y la febril fantasía lunar luchan para conducir, por sus senderos, la reticente lucidez intelectual del Escorpio. Introvertidos y solitarios por naturaleza, no es difícil que vivan una vida fantástica, confusa, desordenada, entre fases alternativas de autoindulgencia y de autocrítica. A pesar de la aparente seguridad del Sol, los Escorpio tienen una necesidad constante de ser entendidos y tranquilizados, y en amor se unirán perdidamente a una pareja que les infunda confianza afectiva, que tenga fantasía y sepa compartir intereses artísticos, pero sobre todo que esté dispuesta a hacerse cargo del lado práctico de la existencia.

Si es Escorpio con Júpiter en...

Escorpio con Júpiter en Aries

Un Escorpio sólo puede tener beneficios de esta posición de Júpiter. La carga expansiva es considerable, preparada para implicar a personas y situaciones. Estos sujetos intentan imponerse, pero su baza consiste en proponerse con calor, con simpatía, utilizando una actitud instintiva para tomar las riendas, sin preguntarse demasiado si es justo o no hacerlo en este contexto. Por ello corren el riesgo de resultar un poco entrometidos, incluso imprudentes, a pesar de la prudencia del Escorpio. Después de los pasos iniciales, aparece fácilmente el aburrimiento y la incapacidad para seguir actuando a largo plazo. En su profesión estos nativos se sienten muy inclinados a tomar la iniciativa, a tomar ánimos para la salida pero luego, para continuar, necesitan valores en signos de Tierra. Al manejar dinero, pueden tener tendencia a malgastar, a un atrevimiento excesivo: la parte Escorpio desprecia el dinero-poder y el Aries se preocupa de derrochar, quizá para obtener gratificaciones personales y que no le falte lo superfluo.

Escorpio con Júpiter en Tauro

Esta configuración precisa la constante búsqueda de seguridad, de bases sólidas sobre las cuales erigir la personalidad. Las características del Escorpio se modifican bastante por esta posición de Júpiter; sobre todo la tendencia a destruir se transforma en actitud de represión, aunque con alguna mínima contradicción. Ávidos de afecto, de bienes materiales, saben utilizar la inteligencia del signo solar para abrirse camino en la vida, en sociedad, y con toda seguridad no se conformarán con las migas: desean todo lo mejor. Con un avanzar lento, saben acaparar las buenas ocasiones, y se pueden definir como sabios administradores de los golpes de fortuna.

Júpiter en Tauro los hace ser indulgentes, no optimistas a ultranza, pero seguros del propio valor; aman con pasión la buena cocina y ese es un campo en el que no saben controlarse.

Escorpio con Júpiter en Géminis

Con esta posición de Júpiter es fácil que Escorpio alimente siempre una gran curiosidad y sed de conocimiento. Respecto a la vida diaria, siente una necesidad de exploración menos profunda, más frívola; es válido el factor de expansión superficial típico de Géminis puesto que induce a estos sujetos de tipo introvertido a socializar, consiguiéndolo con una cierta facilidad.

Sobre el tema del optimismo no tendremos un efecto máximo, pero sí un toque de despreocupación que puede agilizar la superación de los momentos tensos. Los placeres sexuales de la vida se ven de forma distanciada y se viven despreocupadamente; en cambio existe una pasión muy fuerte por los viajes, una propensión a los cambios y a las novedades, que estimula la proyección hacia el futuro.

La relación con el dinero es suficientemente desinteresada; estos individuos no tienden a la acumulación, sino que se preocupan de que no falte lo necesario ni la posibilidad de conseguir gratificaciones intelectuales como una buena biblioteca.

Escorpio con Júpiter en Cáncer

Tiende a suavizar los lados espinosos de la personalidad. Con esta posición de Júpiter se consigue un nativo bonachón de fondo que se adapta mal a los impulsos dinámico-agresivos. Seguramente estos individuos luchan un poco contra sí mismos puesto que se sienten a veces fuertes y enérgicos, y a veces necesitados de calor, afecto y protección. De todos modos, los lados humanitarios de la persona se realizan, constituyendo el clásico buen carácter.

En la profesión saben abrirse camino en actividades que encajan con ellos, por ejemplo se pueden tener óptimos médicos pediatras, cirujanos infantiles, psicoterapeutas para la infancia, ámbitos en los que las valencias de Escorpio y Cáncer pueden valorizarse al máximo.

124

Su amor por las comodidades, por la buena mesa y sobre todo por los dulces en general, alcanza niveles abusivos... Cuidado con el peso, la autocrítica del Sol en Escorpio tiene que ayudar a limitar los dulces.

Escorpio con Júpiter en Leo

Esta es una posición *real* de Júpiter, con ganas de exhibirse, deseosa de consensos contra las taciturnas opiniones del Escorpio. Si consiguieran disponer de un teatro y calcar las escenas, los dos darían el máximo, quizá recitando partes dramáticas e intensas para satisfacer una exigencia de seriedad interior. Al no poder actuar —no todos lo consiguen— se ponen en escena a sí mismos en la realidad cotidiana. De esta forma tendremos a personajes de destacada teatralidad en los gestos y en los hechos. Son los que juegan a interpretar el papel de los huraños y luego se descubren buenos y viceversa. Júpiter como factor de optimismo en esta circunstancia aporta casi el máximo, moderando a veces la inconsciencia. Los Escorpio tienen que escuchar su parte si quieren obtener buenos resultados, valorando objetivamente las situaciones, sobre todo en el ámbito de la carrera.

La relación con el dinero es bastante clara: con Júpiter en Leo los sujetos saben sólo gastar; en más o menos cantidad, pero siempre despilfarrando un poco. Gracias al Sol las cuentas tienen que salir bien, aunque esto suponga alguna renuncia...

Escorpio con Júpiter en Virgo

Esta combinación Júpiter-Sol encuentra posibilidades óptimas de realización utilizando dotes de meticulosidad, capacidad organizativa, análisis y síntesis. Se deja poco a la improvisación; el éxito se construye momento a momento, con lúcida objetividad en cada intento.

No se muestran expansivos, tienen tendencia a retirarse, a desconfiar de personas y situaciones, a menos que la Luna o el ascendente no se encuentren en signos de Fuego o Aire, favoreciendo de esta forma las relaciones y un cierto optimismo. Resultan personas de gustos difíciles en todos los campos, desde la elección de los amigos a las posibilidades de trabajo, sin excluir las comidas, por lo que entran en crisis si no poseen determinadas características higienistas y nutricionales. Escorpio-Virgo es siempre una pareja zodiacal que llega al máximo de las posibilidades críticas. Diría incluso ácidas.

Escorpio con Júpiter en Libra

Esta combinación confiere agilidad a los individuos que la poseen en el campo de las relaciones afectivas, con el prójimo en general y en los negocios. Escorpio destruye la desconfianza y la introversión para buscar salidas exteriores y se gratifica con ello.

Es óptima para los que desarrollan trabajos que están relacionados con las leyes, la redacción de contratos y las relaciones diplomáticas. Podemos definirlos como clásicos sujetos que adoptan el puño de hierro con guantes de terciopelo, que tienen bien claro dónde quieren llegar y llegan después de haber calculado, con lúcida frialdad, todas las probabilidades.

Los Escorpio con Júpiter en Libra son muy refinados, insaciables buscadores de lo mejor en todas las cosas. Les gusta gastar en lo que puede garantizar seguridades futuras: inmuebles, seguros y realizan inversiones fiables. Saben dar prueba de gran equilibrio y fuerza de carácter por lo que no se encontrarán nunca desprevenidos frente a las posibles dificultades.

Escorpio con Júpiter en Escorpio

Esta pareja astral Sol-Júpiter resulta ser una asociación ganadora porque une la tenacidad, la ambición, la expansión y la agresividad con el éxito, la autoafirmación y la conquista de la comodidad; ningún obstáculo puede aparecer insuperable, y estos individuos están destinados la mayoría de las veces a triunfar en su profesión y en la sociedad. Debido a la influencia del Escorpio, todas las actividades independientes se ven favorecidas; les gusta arriesgarse, encontrar soluciones y probar nuevas experiencias fuera de los conformismos y de las normas constituidas. Si juegan en Bolsa, se centrarán en títulos con riesgo, decididos a ganar mucho porque de las migas no saben qué hacer; aspirar al máximo es, para ellos, natural. Si deciden cambiar de vida están dispuestos a volver a empezar enérgicamente desde abajo, allí donde sea, puesto que se sienten importantes en su interior, seguros de ganar siempre. Luchar para ganar es una pulsión vital.

Escorpio con Júpiter en Sagitario

Júpiter se encuentra en su domicilio en este signo y, por lo tanto, su influencia es fuerte y se suma, se compenetra y se enfrenta con las valencias del Sol en Escorpio. No es fácil, para estos sujetos, convivir con esta dos inclinaciones: una es sustancialmente optimista, alegre, conformista, expansiva, afable y parlanchina; la otra es claramente más introvertida y deseosa de reflexionar en general. El resultado puede variar según las posiciones del ascendente y la Luna por lo que se refiere a la personalidad; en general se tratará de los Escorpio más calurosos, más sociables y mejor dispuestos hacia el prójimo. Equivocarse en las valoraciones será sin duda más frecuente, por ejemplo infravalorando los riesgos o los adversarios en el ámbito de las actividades.

Se sienten inclinados a alternar la exuberancia con un cierto laconismo; a amar apasionadamente los viajes y las personas extranjeras, los animales y las actividades deportivas, estas últimas con una cierta moderación puesto que un nativo Escorpio no hará nunca de su propio cuerpo un objeto de culto.

Escorpio con Júpiter en Capricornio

Una de las palabras clave de estas personalidades podría ser severidad; severidad sumada a rigor y sentido del deber. Son individuos todos de una pieza, decididos y voluntariosos como pocos (siempre que en el tema individual la Luna y el ascendente no modifiquen en parte estas valencias). Tienen tendencia a pensar que tienen siempre razón ellos y se tiene que reconocer que no se equivocan con frecuencia puesto que unen a las dotes de racionalidad elevadas una capacidad de intuición considerable.

De todos modos, deberían pecar de modestia, por lo menos alguna vez, y dejar más espacio a los demás, nutrir confianza delegando; agotan su equilibrio psicofísico extrayendo energías para triunfar en todas las cosas de las que se ocupan, son unos inequívocos coordinadores. El dinero es importante porque los hace estar más seguros y poderosos, pero la tendencia es gastarlo para adquirir un cierto prestigio en lugar de acumularlo.

Escorpio con Júpiter en Acuario

Esta posición de Júpiter estimula a los Escorpio a revalorizar el sentido de lo social y a darse cuenta de lo importante que es saber atrapar al vuelo las oportunidades que se presentan. Sin embargo, es bastante difícil describir incluso en parte a estos sujetos puesto que resulta muy importante la posición de la Luna y del ascendente: si hay predominio de los valores Aire tendremos personas en las que reconoceremos una habilidad considerable para aprovecharse de los demás y de las situaciones sin ningún tipo de prejuicio.

En general, tienen en su cabeza mil proyectos para realizar y gastan energías preciosas en programaciones de las que luego no harán caso. La improvisación es la palabra clave para ellos puesto que saben atrapar las posibilidades del momento; esto es válido también para la profesión en la que son capaces de realizar rápidos progresos no planificados.

El dinero significa poco para ellos y su apego a los bienes materiales es casi nulo; son espartanos y nada esclavos de la comodidad; incluso en los viajes se conforman con soluciones precarias.

Escorpio con Júpiter en Piscis

En general el Escorpio, apaciguado por este Júpiter, pierde algunas veleidades agresivo-vengativas. La emotividad es difusa y puede llegar a confundir a veces las ideas al perseguir metas y objetivos: pueden llegar allí donde pensaban que no llegarían porque son muy receptivos... y por el camino sufren modificaciones impensadas. En los compromisos laborales es necesario tener en cuenta una cierta pereza y los posibles cambios de humor; no les gusta agotarse ni trabajar en ambientes en los que sientan hostilidad, en los que vivirían estados de ánimo contradictorios: Escorpio está preparado para la lucha, pero Júpiter, en esta posición, invita al acomodamiento. Si estas personas deciden viajar lo harán sin detenerse, muchas veces por mar, y es fácil que escojan profesiones precisamente en contacto con este elemento.

Si es Escorpio con Saturno en...

Escorpio con Saturno en Aries

Estos Escorpio son radicales e impacientes, intolerantes e incapaces de hacer grandes renuncias. Las características de Saturno de hecho se combinan mal con el signo ocupado.

Se ven exaltadas las capacidades de decisión y la fuerza para actuar en general, llegando a hacerlo incluso cuando parecía imposible, aunque también puede aparecer alguna íntima contradicción. Sienten un cierto miedo a envejecer, pero saben mantenerse espontáneos y juveniles incluso cuando se hacen mayores. La muerte no les asusta tanto como el sufrimiento, que en cambio temen mucho. Las capacidades lógico-racionales pierden a veces la eficacia por efecto de la impulsividad, pero ganan en prontitud y dinamismo.

Escorpio con Saturno en Tauro

Saturno, planeta de renuncias y privaciones, se encuentra mal situado en un signo similar. El resultado para estos Escorpio podría ser la búsqueda de la comodidad y de lo superfluo, con los consiguientes sentimientos de culpa por no estar a la altura de expectativas más sabias y de significados más elevados.

Son válidas las capacidades de cálculo, de racionalidad y planificación, y a menudo la carrera se desarrolla en actividades de este tipo. Pero la tendencia a acumular dinero es fuerte o por lo menos la tendencia a buscar la manera de crearse una seguridad económica intocable incluso en las grandes crisis; para conseguir esta meta están dispuestos incluso a renunciar a gratificaciones inmediatas.

De apariencia tranquila y reservada, son sujetos capaces de contar en sus propias fuerzas y cuya testarudez, o mejor tenacidad, les ayuda a superar obstáculos de cualquier tipo.

Escorpio con Saturno en Géminis

Tener el planeta de la racionalidad y de la lógica en Géminis significa poder contar con un formidable potencial intelectual. Curiosos, pero dispuestos a indagar hasta el fondo, esta combinación proporciona grandes recursos a quienes se dedican a la investigación y que tienen que apoyarse en el espíritu de observación. Saturno, indicador de la vejez, se vive muy mal en el ámbito de las ideas (le corresponde el miedo de envejecer) y muy bien en el plano material, porque da como resultado ancianos física y espiritualmente vivaces.

Estos nativos, si se ocupan de cargos directivos en su profesión, sabrán comportarse con frialdad analítica al tomar las decisiones más importantes y muy diplomáticamente en las relaciones interpersonales, garantizándose de tal forma una gestión controlada del poder, pero eficaz en la realización de sus propios objetivos.

Escorpio con Saturno en Cáncer

Esta no es una posición adecuada para el astro. Nuestros Escorpio querrían liberar, dar espacio a la vida interior, llena de emociones como sugiere también el Cáncer, pero Saturno los obstaculiza, creando inhibiciones y melancolía. Se sienten poco adecuados para ejercer el poder, y Escorpio tiene que invocar a toda su fuerza instintiva para mostrarse a la altura de las circunstancias; la obtención de resultados es una tarea ardua. Las facultades lógico-racionales están limitadas y condicionadas por vivencias emotivas y sensaciones extrañas.

Si en el tema del nacimiento individual el Sol se encuentra en aspecto de trígono (120°) con Saturno, tendremos facilidades apreciables, con el fluir armónico de una personalidad sensible y dotada de seriedad, madurez y consciencia.

Escorpio con Saturno en Leo

No es raro que esta combinación dé lo mejor aplicada a la esfera de la profesión y del trabajo en general.

Estos nativos tienen una necesidad absoluta de triunfar, de dominar y ejercer en términos reales el poder, en nombre del cual están dispuestos a realizar alguna amarga renuncia. Naturalmente, el concepto de poder es el mismo en el sentido de gestión de la autoafirmación absoluta y lo encontramos, con esta posición de Saturno, tanto en Hitler como en el gran director de empresa de nuestros días. La carga de pesimismo-realismo de Saturno se amortigua y tenemos a individuos que consiguen disuadir sus miedos reales gracias a una gran dosis de seguridad personal. De esta forma pueden estar convencidos de superar todas las pruebas, de ganar siempre y de envejecer tranquilamente, todo ello con alguna influencia del escepticismo de Escorpio.

Escorpio con Saturno en Virgo

Estos Escorpio poseen capacidades lógico-racionales acentuadas, pero resultan muy amortiguadas las dotes intuitivas y limitados los horizontes en los cuales proyectarse para actuar. Control y orden son palabras clave de este Saturno, preparado para desterrar cualquier inquietante viso de fantasía. El desorden de las emociones es muy temido, y se malgastan considerables energías para mantenerlas a raya; se pueden manifestar, con esta combinación Saturno-Virgo y Sol-Escorpio, personalidades de inteligencia muy aguda, con un sentido de la realidad penetrante y tan eficaz que no concede espacio a la mínima ilusión, muy hábiles en dar sus frutos aplicados a lo cotidiano. Si los dos planetas están en aspecto armónico de sextil (60°) en el tema natal, tendremos un gran equilibrio y una espartana filosofía para aceptar y superar las pruebas de la existencia. Sea cual sea el símbolo solar implicado, Saturno en Virgo, como Saturno en la Sexta Casa, hace que los nativos sean grandes ahorradores, y no están ausentes las manifestaciones de algún episodio de tacañería.

Escorpio con Saturno en Libra

El planeta está en exaltación en este signo y por lo tanto tiene colocadas de la mejor forma posible las potencialidades de raciocinio, lógica, programación y control de los sentidos. En la práctica tendremos unos Escorpio muy inteligentes, dispuestos a ser incisivos con menos agresividad, aparentemente conciliadores, pero siempre decididos a dar la vuelta a todas las situaciones en beneficio propio. Se trata de la combinación de quien es capaz de hacer valer sus derechos, con una lógica tan aplastante que no deja ninguna posibilidad al interlocutor. Estos nativos inspiran sensación de calma, mesura y control, pero nos damos cuenta enseguida de que son tozudos y están siempre preparados para utilizar todas las armas posibles para que la justicia triunfe. Incluso cuando no es esta la causa que los empuja, sino intereses personales y profesionales, se muestran muy hábiles en obtener para sí lo mejor y todo cuanto sea lícito.

Escorpio con Saturno en Escorpio

Son sujetos que tienen una gran fuerza de voluntad y tienen capacidad para llevar a cabo eficaces introspecciones. En general, la sed de poder es fuerte y las tendencias a aceptar sacrificios y renuncias de buen grado son escasas. Escorpio es un signo dominante y sus nativos pueden decidir lanzarse de lleno a la autorrealización o sublimar cada pulsión del Ego para alcanzar objetivos espirituales. A menudo saben ser muy duros con el prójimo, casi incapaces de indulgencia. Si el ascendente o la Luna están en Capricornio serán severos incluso consigo mismos y tendrán un gran sentido del deber.

No es fácil luchar con tendencias contrapuestas: destruir y revelarse a las obligaciones o aceptarlas con rigor. Si predomina Escorpio podremos tener desorden, anarquía y excesos eroticosexuales; si predomina Saturno el control de los instintos es la evolución.

Escorpio con Saturno en Sagitario

Esta posición de Saturno provoca luchas y estímulos idealistas. La natural desconfianza de Escorpio se verá mitigada, dejando espacio a una naturaleza sustancialmente más abierta, más altruista y capaz de impulsos soportados por la fe en un ideal. Pueden realizar grandes cosas puesto que refuerzan el espíritu crítico con el grado justo de optimismo necesario para entusiasmarse con el inicio de cada acción. A propósito de partidas: Saturno en Sagitario puede favorecer los viajes hacia países lejanos en busca de nuevas tradiciones y costumbres; pero los malos aspectos en el tema natal individual podrían obligar a estos Escorpio a renunciar a los tan queridos viajes.

Es muy difícil establecer los términos de influencia de esta combinación. Como siempre es necesaria la lectura de todo el tema natal para obtener hipótesis y deducciones válidas.

Escorpio con Saturno en Capricornio

Estas dos posiciones de Saturno y Sol imprimen un excelente impulso para la evolución personal; impulso no exento de sacrificios y renuncias parciales.

El despiadado realismo de estas personas no permite indulgencias injustificadas, ni hacia sí mismos ni hacia el prójimo. Rigor y responsabilidad hacen de ellos jefes comprometidos con la causa y respetuosos con el sentido del deber. Hablamos de jefes porque a menudo, en las actividades que desarrollan, alcanzan indiscutibles posiciones de poder. Son ambiciosos y, sobre todo, toleran muy mal cualquier intromisión ajena en su ámbito de acción.

Es difícil que la vida los encuentre desprevenidos para afrontar las pruebas existenciales: ellos están a la altura, preparados para lo peor y sobre todo fortalecidos para salir del trance sin perderse nunca. Pueden parecer cínicos... pero quizá sólo estén desilusionados por completo.

Escorpio con Saturno en Acuario

Es muy difícil detallar qué influencias puede ejercer esta combinación sobre los aspectos materiales de la vida cotidiana. Quizá porque estos individuos viven bastante a menudo una vida propia, ideal, separada del resto, que se relaciona mal con la realidad exterior.

La posición en Acuario está en cuadratura con el signo solar y esto puede provocar la aparición de problemas de inseguridad, tendencias pesimistas y estados de ansiedad. En efecto, los Escorpio, tan pasionales y voluntariosos por su naturaleza, se sienten en parte heridos por la colocación de Saturno en Acuario, tan frío, alejado de emociones y sensaciones, lúcido y lógico aunque severamente utópico.

En cambio, se agudiza el don de la oportunidad, con grandes beneficios inmediatos, aunque estén destinados a no perdurar.

No suelen asumir el papel de jefes de empresa, pero si ocuparan ese lugar lo harían basándose en principios de igualdad y sin molestos bagajes emocionales.

Escorpio con Saturno en Piscis

Las energías que empujan a estos Escorpio a utilizar la racionalidad están destinadas en buena parte a perderse o a perder eficacia. Si

Saturno está en buen aspecto con el Sol natal, tendremos un buen equilibrio interior, y las dificultades aparecerán en el ámbito de la búsqueda de equilibrios externos, en la vida diaria. El inquieto signo de Piscis tiene muchos problemas para controlar la emotividad que Saturno tiende a sofocar siempre. No es difícil que aparezcan, con esta combinación, personalidades carentes de equilibrio psicofísico, con una cierta propensión al masoquismo o por lo menos a actitudes lamentables.

En la versión positiva aparece la indudable creatividad Escorpio-Piscis que encontrará la manera de estructurarse, en el presente y en el futuro, gracias a la influencia analógica de Saturno.

Cuarta parte

LAS PREVISIONES PARA ESCORPIO

Las vibraciones anuales, mensuales y diarias

Se trata de nueve energías numéricas en rotación que nos servirán como complemento a las previsiones astrológicas. Basadas en el calendario, van actuando sucesivamente sobre los signos, condicionando la forma en que se expresan.

Por el tiempo que permanece un número sobre nuestro signo, debemos esperar que se manifieste tanto en lo externo como en lo interno, aunque luego dependerá de cada uno el tipo de respuesta que dé. Las vibraciones son buenas asesoras. Tenerlas en cuenta nos puede proporcionar amparo y ayudar a resolver situaciones o tiempos astrales negativos.

Cuando nuestros tiempos mejoran, desatenderlas o contradecirlas nos expone a ver asomar sus aspectos negativos, malogrando nuestras posibilidades de éxito. Al estar siempre bajo tres vibraciones, debemos tener en cuenta que las vibraciones mensuales se supeditan a la anual y las diarias a las mensuales. La vibración mensual tiene una incidencia preferente con la casa de nuestro horóscopo vigente dicho mes.

Para pormenorizar más la vibración diaria, podemos ver por dónde va la luna ese día.

Por su relación con el calendario, es importante también tener en cuenta lo siguiente:

— desde octubre, comienzan a asomar indicios de la vibración anual siguiente;
— desde el día 27 de cada mes, se da un espacio de influencias mixtas hasta el mes siguiente;
— a partir de las 22 h ocurre lo mismo, generalmente más en los procesos internos.

Cómo hallar la vibración anual, mensual y diaria para cada signo del zodiaco

TABLA 1

Signo	Vibración anual		Signo	Vibración anual	
	2007	**2008**		**2007**	**2008**
Aries	1	2	Libra	7	8
Tauro	2	3	Escorpio	8	9
Géminis	3	4	Sagitario	9	1
Cáncer	4	5	Capricornio	1	2
Leo	5	6	Acuario	2	3
Virgo	6	7	Piscis	3	4

TABLA 2

Enero	1	Mayo	5	Septiembre	9
Febrero	2	Junio	6	Octubre	1
Marzo	3	Julio	7	Noviembre	2
Abril	4	Agosto	8	Diciembre	3

Para hallar la vibración mensual de cualquiera de los 12 signos se ha de sumar el número de la tabla 1 al número correspondiente al mes que interesa, según la tabla 2.

Ejemplo para Tauro en el mes de mayo del año 2007: 2 (vibración anual 2007) + 5 (mayo) = 7 *vibración mensual.*

Para hallar la vibración diaria para cualquier día del mes, se ha de sumar el número de la vibración mensual con el número del día que se quiera saber. Retomando el ejemplo, para el 22 de mayo: 7 (vibración mensual mayo 2007) + 4 (22: 2 + 2) = 11 (1 + 1) = 2 *vibración diaria.*

Resumiendo: todos los Tauro de cualquier año, el 22 de mayo de 2007 estarán bajo una vibración anual 2, mensual 7 y diaria 2.

Las vibraciones anuales

• **Vibración anual 1:** Dinámica e innovadora, la fuerza del 1 estimulará pero exigiendo a cambio mucho a los nativos de los signos bajo su mensaje; cooperará con una profunda transformación personal, llevada a cabo de forma abrupta o paulatina, pero que conducirá siempre a tomar grandes decisiones. En febrero y noviembre pueden verse finalmente algunos asuntos favorables. Octubre sugiere no descuidar contactos de importancia o que puedan llegar a serlo.

• **Vibración anual 2:** Es el número de la pareja, y puede dar oportunidades a los solitarios o a los que pretendan dar más cabida a otros en su vida. Marzo promete una visión diferente de la emotividad. Enero, febrero, octubre y noviembre serán muy exigentes en el plano familiar. Diciembre será un mes muy activo socialmente.

• **Vibración anual 3:** Traerá exigencias del propio mundo social. Excelente para buscar precedentes y referenciales que ayuden a realizar las labores, en especial las creativas y los estudios. Es una vibración positiva y jovial, pero expone a emprender muchas cosas a la vez y también a altibajos, incluso afectivos. Desde febrero, la vibración se notará más y exigirá adoptar una política acorde. En junio, situaciones cambiantes traen otra tanda de intereses. Hacia el mes de octubre, algo que hasta ahora había interesado dejará de ser interesante.

• **Vibración anual 4:** Con paciencia, se podrá adelantar mucho con esta vibración que estimula el deseo de mejora en el trabajo y su contrapartida material. El 4 es propicio para buscar la felicidad en las cosas pequeñas de la vida. Marzo, abril y diciembre son buenos meses para progresos en asuntos de hogar y de familia; junio favorecerá un buen flujo mental que ayudará a desbloquear situaciones estancas.

• **Vibración anual 5:** Es un año que nos sugerirá desarrollar otras habilidades, otros métodos, tentar nuevas vías de capacitación. Febrero y junio son meses marcados por las relaciones sociales, pero en los que se estará expuesto a sorpresas y alteraciones. Julio y agosto pueden presentar tensiones con lazos establecidos. Agosto puede ser un buen mes para trabajos de verano.

• **Vibración anual 6:** A los nativos del signo que reciba el 6 por un año les convendrá hacer un balance, al inicio del año y cada cierto tiempo, para acondicionarse mejor dentro del tipo de vida que llevan y establecer cuáles son sus aspiraciones y la forma en que las materializan. En los meses de febrero y marzo, por un lado, y noviembre y diciembre, por otro, puede haber un adelanto en la mejora de las condiciones existentes; junio traerá ideas para tomar decisiones internas más afinadas y de más calidad.

• **Vibración anual 7:** Durante el año, muchas circunstancias externas, cuando menos se piensa y de forma curiosa, vendrán para poner a prueba las seguridades y certezas internas. Hay que cuidar las interferencias. La espiritualidad, el autoanálisis, la especialización en algo o el reciclaje pueden poco a poco hacer la vida mejor. Hay posibilidades de que se cumplan anhelos recientes o antiguos. En los meses de enero y febrero puede haber expectación por asuntos relacionados con el hogar y con la familia. El último trimestre abre un periodo más determinante y de conducta más estable.

• **Vibración anual 8:** Es un año que, mediante un sentimiento de exigencia, estimula la ambición y el afán de conseguir metas concretas, para lo que habrá que regular la conducta acentuando tanto la eficiencia como la ética. Muchos procesos internos del pasado año encontrarán ahora un cauce más definido para la acción. Las personas que ejerzan una cierta autoridad resultarán de gran importancia. Los niños, bajo esta vibración, vivirán experiencias de adultos o serán más exigentes o controlados. Entre mayo y junio, las posibilidades de tener que tomar grandes decisiones serán muchas. Septiembre será un mes de tensiones y de preocupaciones por el futuro.

• **Vibración anual 9:** Una vez que hemos entrado ya en el nuevo milenio, la llamada del 9 a la superación y a crearse nuevas aspiraciones es muy importante. Exige repensarlo todo en grandes esquemas para, poco a poco, dejar atrás concepciones que ya no son válidas. Si se produjeran contrariedades, más que nunca deben ser vistas como lecciones. Muchos frutos de estos procesos se verán después. Es probable que se produzcan alejamientos y extravíos o también efectos dominó, tanto positivos como negativos. En el periodo de cuarenta días antes del cumpleaños, la incidencia puede hacerse notar más. Marzo y abril requerirán que se esté atento a varios frentes.

Las vibraciones mensuales

• **Vibración mensual 1:** En este mes, los demás se fijarán más en nosotros que habitualmente, y es posible que nuevas gentes y nuevas ideas se crucen en nuestro camino. También podemos promocionarnos exponiendo lo que tenemos que ofrecer y siendo nosotros quienes vayamos en busca de apoyos y asesoramientos.

En el aspecto negativo, habrá riesgo de intromisiones o exposición a situaciones que obligan a reaccionar rápido o a sacar el genio.

• **Vibración mensual 2:** En este mes, por el contrario, se nos pedirá más y tendremos que cooperar con los intereses de los que nos rodean. Nos conviene demostrar sensibilidad y tacto para no dar lugar a diferencias. Hay posibilidades de que nos sintamos atraídos por alguien en especial o por algo que despierte nuestro interés.

En el plano negativo, puede que no encontremos eco a nuestras aspiraciones o no nos adaptemos al ritmo de las circunstancias.

• **Vibración mensual 3:** Tendremos que hacer un espacio a lo social y ameno de la vida. No faltarán ocasiones para demostrar los pareceres, pero procuraremos hacerlo con estilo y con cautela.

En el aspecto negativo, nos previene de la dispersión de energía y de que no confiemos en el azar o en nuestra suerte personal.

• **Vibración mensual 4:** Un tiempo en el que todo lo que no nos sea habitual nos exigirá más esfuerzo y quizás alguna que otra contrariedad. Resultará favorable si necesitamos que requieran de nuestros servicios, o si vamos al encuentro para posibilitarlo, pero algo externo puede sugerirnos que esperemos, que nos demoremos o que volvamos en otro momento para que todo se resuelva favorablemente. Debemos estar abiertos a mejorar y a perfeccionarnos.

• **Vibración mensual 5:** Es un mes más movido, y las circunstancias externas incluyen posibilidades de cambios que algunas veces nos sorprenderán. Nos conviene abrirnos a lo que nos interese o despierte nuestra curiosidad, a promocionarnos, pero un punto de discriminación no nos vendrá mal. A pesar de todo, habrá progresos.

• **Vibración mensual 6:** La familia y el resto de la gente con la que mantenemos lazos de cualquier tipo esperarán más de nosotros, lo que hará que nos sintamos obligados y tengamos que devolver favores o se den las condiciones para que nos los devuelvan a nosotros, por la tendencia del número al equilibrio y a la armonía, que hace que algo concluya a favor y algo en contra. Negativamente, expone a disgustos.

• **Vibración mensual 7:** Nos conviene estar atentos al ambiente, debido a las ocasiones de sacar partido de situaciones o ideas para pensar con calma. Hacia la mitad del mes se puede hacer la luz sobre alguna expectativa, y en cualquier momento algo que nos preocupa puede dar un giro providencial. Negativamente, nos expone a creernos incomprendidos, a magnificar nuestros problemas psíquicos.

• **Vibración mensual 8:** Es el número de la justicia retributiva que preside nuestros actos. Podemos ser nosotros quienes vayamos al encuentro de gente o situaciones que nos ayuden en nuestros planes o a conseguir finalmente algo; si estamos seguros, lo haremos de forma correcta y tendremos en cuenta las contrapartidas. Negativamente expone a momentos tensos o a que haya algo en que ceder o perder.

• **Vibración mensual 9:** Al ser el último número del ciclo, las acciones pasadas volverán para ser evaluadas de nuevo. Seremos nosotros también quienes por nuestros procesos nos examinemos para buscar la forma de superarnos y ser mejores. Por otra parte, requerirán nuestra atención asuntos y gente distantes y los amigos. No debemos desatender a quien nos llame pidiéndonos ayuda. Será un buen mes para retirarnos de escena y para dar interiormente por concluido algo.

Las vibraciones diarias

• **Vibración diaria 1:** Marca tanto los días en los que nos tomamos tiempo para nosotros mismos como aquellos en los que nos vemos más emprendedores e innovadores en lo que nos toca hacer.
El reposo físico o mental no está asegurado.

• **Vibración diaria 2:** Como es habitual con el 2, siempre estaremos más pendientes de los demás o de nuestro pasado. Nuestra subjetividad es mayor: procuremos analizar y cotejar, no ser nuestros propios enemigos. Se producirán cambios de humor que pueden incidir en el rendimiento.

• **Vibración diaria 3:** No habrá una gran disposición a lo rutinario o a lo que resulta contrariante. Si podemos zafarnos, aunque sea un poco, la vida nos parecerá más llevadera. En caso contrario, podemos sentirnos resentidos o amargados.

• **Vibración diaria 4:** Podemos aprovechar esta práctica vibración para poner un poco de orden interior, para repasar lo pendiente o lo que en los días posteriores necesitamos tener a punto. Si el día es muy pasivo, nos limitaremos a hacer lo que podamos sin ira ni remordimientos.

• **Vibración diaria 5:** Se trata de un día en el que, de una manera o de otra, siempre tendremos algo que aprender. Procuraremos estar localizables por las novedades o cambios que puede traer esta vibración. Normalmente, no es un día que suele resultar tal y como se pensó que fuese.

• **Vibración diaria 6:** Son días en los que procuraremos cooperar para que cooperen con nosotros sin tratar por eso de entrometernos demasiado en la vida de los demás ni permitir que lo hagan en la nuestra. Afectividad y capacidad de transmitir.

• **Vibración diaria 7:** Este número mágico tiene un efecto esclarecedor y terapéutico si nos abrimos a los misterios de nuestra mente. Puede haber sorpresas o curiosas coincidencias, pero resultará peligroso bajar la guardia en los asuntos rutinarios. Inclinación al bajo rendimiento físico.

• **Vibración diaria 8:** Todos los actos son importantes, por pequeños que algunos nos parezcan. De llevarlos a cabo bien, estaremos encaminados a conseguir todo aquello que queremos lograr. En algunos días marcados por esta vibración se pueden producir contrariedades debidas al factor tiempo.

• **Vibración diaria 9:** Situaciones latentes pueden manifestarse, en el lugar y con la persona que menos esperemos. Al ser un número variopinto, puede que la vida nos traiga un poco de todo. Si se da el caso, debemos cuidar cómo reaccionamos bajo una fuerte presión emotiva.

Previsiones para el signo Escorpio en el año 2007

Tendencias generales: el año irá mejorando poco a poco

Saturno permanecerá en la Casa 10, aunque su presencia se hará más aguda a finales de febrero y en la primera quincena de junio para los Escorpio nacidos en el segundo decanato; y unos días antes y otros después para los del tercer decanato.

Este 2007 será un año en el que los problemas ya existentes se complicarán un poco. El mal ángulo con Neptuno en la Casa 4 se enfatizará durante la primera mitad del año. Por la anualidad, hará buen ángulo con Júpiter en la Casa 2 de la economía. En diciembre, la conjunción junto a Plutón, que también rige el signo, aportará buenas ideas, algunas de las cuales se pondrán en marcha inmediatamente y llegarán a buen puerto. La economía irá mejorando poco a poco, aunque con ciertas dificultades.

Se producirá un cambio radical en la vida de los nativos de Escorpio que afectará a prácticamente todos los ámbitos. Convendrá no alterarse ni ponerse excesivamente nervioso, todo será para bien, aunque en un primer momento no lo parezca.

A finales de año, Júpiter entrará en la Casa 3 e iniciará un ciclo en el que los Escorpio deberán ser cautelosos con los gastos de dinero; la economía podrá sufrir otro bache del que costará salir.

Las fiestas y las vacaciones serán el momento más adecuado para viajar y para solucionar asuntos legales, arreglar papeles relacionados con el vehículo, el hogar...

Desde el 2 de septiembre hasta noviembre de 2009, Júpiter pasará a la Casa 11, trayendo nuevos proyectos o reactivando antiguas ideas. En un primer momento los resultados no serán del todo satisfactorios, pero con esfuerzo y constancia el final será espectacular.

Por la anualidad, los nacidos en el primer decanato se verán más favorecidos: incrementarán el sentido funcional de las relaciones, que adquirirán más importancia y regularidad. Ello también se verá favorecido por el paso de Júpiter, regente de la casa de la economía, a otra casa más social, la 3.

Los nativos de Escorpio nacidos en el segundo decanato estarán influenciados positivamente por Urano, especialmente en los últimos meses del año. Aunque su presencia se dejará notar en prácticamente todos los Escorpio.

Convendrá no abandonar nunca ante el primer imprevisto que surja: si una puerta se cierra, otra se abrirá de inmediato y aportará grandes cambios e innovaciones.

Marte será un buen aliado desde octubre hasta final de año, ya que permanecerá en la Casa 9 en buen ángulo con el signo.

Mercurio, regente de las Casa 8 y 11, también será favorable, sobre todo durante el mes de febrero, del 19 de marzo al 10 de abril (Casa 5), del 29 de mayo al 4 de agosto (Casa 9), del 27 de septiembre al 24 de octubre y del 11 al 30 de noviembre.

A mediados de noviembre, el buen ángulo con Saturno marcará el inicio de una nueva dinámica en el ámbito laboral, entre los amigos y en la casa.

En un primer momento no lo parecerá, pero en general el 2007 no será excesivamente negativo.

Los Escorpio tendrán de lo que preocuparse, pero no deberán exasperarse ni deprimirse; los buenos momentos siempre llegan cuando menos se esperan.

Otros momentos favorables serán: del 19 de agosto al 5 de septiembre (Casa 11) para el trabajo, y del 20 al 31 de diciembre en todo lo relacionado con estudios y planes futuros.

La vibración anual: formalidad y confianza

El 9 es el número del año 2007, por lo que todos los signos volverán a sus números naturales. A Escorpio le corresponderán el 8 y el 17.

Debido al tránsito, el número 8 advertirá a los Escorpio de la necesidad de autocontrol, mantener buenas relaciones con las jerarquías y autoridades y prudencia ante el juego; aunque en algunos momentos aporte beneficios, el resultado general al final del año será más bien negativo.

El número 17, por su parte, agudizará el sexto sentido y replanteará nuevas ideas y estrategias para enfrentarse a la vida.

144

Trabajo y economía: progresos y contrariedades

La presencia anual de Júpiter en la Casa 2, después de haber transitado por el signo, generará un cambio de actitud: controlarán más la economía familiar, sobre todo durante los meses de invierno, y no se harán falsas ilusiones.

La entrada de determinadas cantidades de dinero con las que no se contaba ayudarán notablemente, aunque no resolverán todos los «agujeros que quedan por tapar». Algunos Escorpio soñarán desde abril hasta agosto con una economía más próspera; será conveniente no hacerse ilusiones: la hipoteca, los préstamos y los gastos de la casa seguirán estando en el punto de mira.

La visita de Júpiter a la Casa 2 marcará un cambio: algunos Escorpio deberán cambiar de trabajo para ganarse la vida y para contrarrestar los malos ángulos que se producirán entre Saturno y Neptuno.

En diciembre, con la conjunción Júpiter-Plutón, y antes de que se vayan de la Casa 2, se iniciará otro ciclo positivo: disminuirán la obsesión y la preocupación por el dinero.

El trabajo no faltará en todo el año, al igual que tampoco las presiones de los superiores, incertidumbres, «trampas» de los compañeros... Pero si el objetivo es seguir adelante, los Escorpio saldrán victoriosos de las múltiples batallas en las que se verán implicados; es probable que en algunos momentos se sientan desprotegidos y faltos de ayuda externa, pero todo se resolverá favorablemente.

El último cuatrimestre del año será el más positivo: los buenos ángulos de Saturno y Júpiter con el Sol, regente de la Casa 10, reestructurarán y reacomodarán las cosas. Sólo deberán tener cuidado los nacidos en el último decanato; la presencia de un mal ángulo de Neptuno generará cambios drásticos en los negocios, inversiones, transacciones...

La estancia de Júpiter en Sagitario y de Marte en la Casa 9 favorecerá los tratos económicos con el exterior, las compras y las ventas; la economía mejorará notablemente.

Durante la primera quincena de junio, los posibles problemas económicos prácticamente desaparecerán. Las fiestas del año serán excelentes para las ganancias y los viajes. Después de un año con más obstáculos que alegrías, convendrá no dejar escapar esta oportunidad.

Vida amorosa: luz y sombra

Por la anualidad, los Escorpio pertenecientes a la primera mitad del signo tendrán a Venus en Virgo en la Casa 11; los proyectos y las amistades cobrarán más importancia que los amoríos, que se mantendrán a la sombra. El resto gozará de un año en el que estarán más abiertos a los nuevos romances; los que ya tienen pareja se dedicarán en exclusiva a ella.

La presencia de Venus en la Casa 5 desde el 28 de enero al 21 de febrero permitirá a los Escorpio terminar algunos proyectos.

En marzo, la Casa 5 estará al amparo de los regentes Júpiter y Neptuno, pero un mal ángulo con Urano y los eclipses de Sol y Luna podrán complicar un poco las relaciones.

El Nodo Norte lunar allí incrementará la voracidad emocional, las expectativas, pero también ayudará a mejorar las relaciones sentimentales.

Durante la primera parte del año Saturno afectará a Neptuno, regente de la Casa 5, por lo que será recomendable tener bajo control una vena destructiva, que a veces se exteriorizará, si el problema está relacionado con la soledad.

Venus en Escorpio pasará del 5 al 31 de diciembre. Después del puente de la Purísima, los excelentes ángulos de Marte y Saturno serán favorables para todos los Escorpio, pero sobre todo para los de la mitad del signo.

La larga presencia de Marte en Cáncer provocará probablemente la reaparición de alguien que fue importante en el pasado; convendrá no tomar una decisión a la ligera y sin meditar las posibles repercusiones.

Los Escorpio deberán estar alerta del 10 al 13 de febrero y durante los meses de mayo y agosto por los malos ángulos del Sol, regente de la Casa 10 de la posición.

El agotamiento físico aparecerá en algunos momentos del año, pero especialmente durante el mes de agosto.

Hogar y familia: ciclos que se deben pasar con buen humor

El mal ángulo de Saturno y Neptuno se dará en el sector 4 del hogar y la familia, y ya se habrá hecho notar en los últimos meses del año anterior.

Durante el invierno, especialmente en febrero y en la primera quincena de marzo, los Escorpio sufrirán de una u otra forma alguna emergencia; convendrá vigilar bien los bienes materiales y las relaciones con los vecinos, que serán muy movidas durante estos primeros meses del año. Otros Escorpio, en cambio, tendrán problemas con la electricidad, antenas de televisión... ya que Marte transitará allí en marzo.

De todas formas, el buen ángulo de Urano, regente del sector, será favorable y brindará toda una serie de alternativas para terminar con dichos problemas: mudanzas, ventas de propiedades, vacaciones...

Las relaciones sentimentales se complicarán un poco a finales de abril. Pero si se tiene paciencia, todo se solucionará en octubre, mes en que también se arreglarán posibles problemas económicos y con los hijos.

Salud: no bajar la guardia

El eje de salud, Casas 6 y 12, no conocerá tránsitos mayores. Predominará la salud, aunque convendrá cuidarse y controlarse.

El mes de recarga psicofísica empezará a partir del eclipse del 11 de septiembre. La primera semana de octubre será la mejor para realizarse una revisión médica y prevenir los posibles males típicos del invierno.

Al comienzo de la primavera, en la Casa 6 se producirán algunos aspectos controvertidos con Marte, lo cual podrá influir en el estado de ánimo y humor.

Otros, en cambio, sufrirán los devaneos del Sol, y deberán controlar el sistema cardiovascular, óseo, los dientes y el cuello; cuidado con las malas posturas y con las epidemias, que serán persistentes si no se toman precauciones. Para combatir todo esto bastará con unas vitaminas y una correcta combinación de ejercicio, descanso y una buena alimentación.

Como Saturno y Neptuno se involucrarán en las Casas 3 y 5, algunas preocupaciones serán generadas por padres, hermanos, hijos...

Lunaciones y entrada del Sol en los signos en el año 2007 para Escorpio

	Luna nueva		Luna llena	
C. 3			3/1	12 Cáncer
	19/1	28 Capricornio		
C. 4	20/1	Sol en Acuario		
			2/2	13 Leo
	17/2	28 Acuario		

	Luna nueva		Luna llena	
C. 5	19/2	Sol en Piscis	4/3	13 Virgo (Eclipse total)
	19/3	28 Piscis		
C. 6	21/3	Sol en Aries	2/4	12 Libra
	17/4	27 Aries		
C. 7	20/4	Sol en Tauro	2/5	11 Escorpio
	16/5	25 Tauro		
C. 8	21/5	Sol en Géminis	1/6	10 Sagitario
	15/6	23 Géminis		
C. 9	21/6	Sol en Cáncer	30/6	8 Capricornio
	19/7	21 Cáncer		
C. 10	23/7	Sol en Leo	30/7	6 Acuario
	13/8	19 Leo		
C. 11	23/8	Sol en Virgo	28/8	4 Piscis (Eclipse total)
	11/9	18 Virgo (Eclipse parcial)		
C. 12	23/9	Sol en Libra	26/9	3 Aries
	11/10	17 Libra		
C. 1	23/10	Sol en Escorpio	26/10	2 Tauro
	10/11	17 Escorpio		
C. 2	22/11	Sol en Sagitario	24/11	1 Géminis
	9/12	17 Sagitario		
C. 3	22/12	Sol en Capricornio	29/12	1 Cáncer

Previsiones para el signo Escorpio en el año 2008

Tendencias generales: ¡Caramba!

El año 2008 estará marcado por los buenos aspectos generales de los planetas lentos, y cuatro de los cinco grandes harán buenos ángulos con el signo, por lo que puede decirse que será un buen año para los Escorpio.

Saturno seguirá en la Casa 11 en Virgo hasta el mes de noviembre del 2009; será más puntual para los Escorpio del primer decanato hasta la segunda quincena de agosto, y el resto del año para los del segundo.

Júpiter, regente de la Casa 2 de la economía, durante este año andará en Capricornio en la Casa 3 y estará en buen ángulo con Saturno. Su influencia será mayor durante junio y julio, meses en los que los Escorpio verán recompensados todos sus esfuerzos.

Posiblemente, el entorno profesional acompañe más que otros años, lo que generará que los Escorpio redoblen sus esfuerzos y puedan afrontar ajustes generales con más fluidez.

Urano, en su tránsito por la Casa 5 en Piscis, aportará un toque de innovación y canalizará la pasión que tanto caracteriza a los Escorpio. Será una excelente influencia para los del segundo decanato, que tendrán la oportunidad de cambiar de casa o de trabajo, ya que el buen ángulo lo recibe el Sol, regente de la Casa 10.

Neptuno seguirá en mal ángulo con el signo desde Acuario en la Casa 4; será más notorio para los nacidos entre el 10 y el 15 de noviembre por el mal ángulo que hará con el Sol.

Esta acción combinada de Urano y Neptuno en las Casas 4 y 5, que ya se venía produciendo años atrás, durante el 2008 influirá más en el desarrollo personal de los Escorpio.

Plutón, regente secundario del signo, ingresará en la Casa 3 a lo largo de este año y tendrá un buen aspecto con el signo; su influencia será más notoria para los nacidos los primeros días del signo, especialmente durante los meses de invierno.

Mercurio, regente de las Casa 8 y 11 tendrá largas estancias en los signos de Aire, donde están las casas más relacionadas con los procesos internos (Casas 4, 8 y 12). Los mejores periodos del año serán: del 8 de enero al 14 de marzo, del 3 de mayo al 10 de julio y del 29 de agosto al 4 de noviembre. Por la anualidad, los Escorpio del primer decanato tendrán a Mercurio en Libra, y el resto en Escorpio.

Los nacidos el 15, 16 o 17 de noviembre gozarán de unos buenos aspectos con Júpiter; con Saturno y Urano los Escorpio del 18 de noviembre, aunque tendrán un mal ángulo con Neptuno, lo cual incrementará el ángulo adverso que les hará este planeta.

Mercurio estará en buen aspecto con el signo en la segunda quincena de marzo, durante casi todo el mes de julio, del 10 hasta finales del agosto y del 12 al 31 de diciembre.

La vibración anual: un esfuerzo por globalizar

Para los Escorpio, este año, que da el 10, se une al 8 del signo, dando el 18 y el variopinto 9. A lo largo del 2008 habrá un vaivén de personas y contextos que habrá que afrontar con buena cara.

Por el lado humano, el 9 amplía el trato con personas distantes o que llevaban tiempo «perdidas» y acentúa los aspectos más personales y que tanto interesan a los Escorpio. La vibración será más impredecible si aparecen factores emotivos o sentimentales.

La favorable situación de Urano con el signo acentuará la influencia del 9 y generará algún que otro desafío —personal, laboral…— que los Escorpio deberán superar.

El 18 concierne a todo lo relacionado con el mantenimiento del hogar, los negocios, las amistades…

Trabajo y economía: excelentes perspectivas

La salida de Plutón, durante muchos años en la Casa 2 de la economía, dejará atrás ciertas fijaciones. El pasado año, muchos Escorpio, a raíz del tránsito de Júpiter, vieron mejoras u oportunidades económicas; en cambio, a lo largo de este año convendrá no realizar excesivos gastos innecesarios.

Aunque por posición Júpiter está un poco flojo, el buen aspecto anual con Urano en la Casa 5 ayudará a los Escorpio que puedan realizar su trabajo cuándo y dónde quieran.

Los Nodos lunares ocuparán el eje de las Casas 10, de la posición, y 4, del hogar y la familia, razón por la cual en estos sectores se producirán los eclipses de Sol, que precisamente rige la Casa 10. A consecuencia de ello, a lo largo del año aparecerán algunas inquietudes y aprensiones que convendrá no exteriorizar y solucionar interiormente.

En general, convendrá que los Escorpio no bajen la guardia en todo lo referente al trabajo, ya que su estado anímico los volverá vulnerables en más de una ocasión. Además, la presencia del Nodo Sur en la Casa 10 no ayudará en ningún momento en las relaciones de los Escorpio con sus superiores.

El eclipse del 1 de agosto, que caerá en la Casa 10, podrá generar el fin de una situación más que complicada, pero incluso durante este mes convendrá estar muy atento con todo lo relacionado con el trabajo; algunos Escorpio verán la oportunidad de «heredar» un puesto de trabajo.

La fuerte presencia de Capricornio en la Casa 3, atizada por Plutón, indicará que muchos Escorpio buscarán maneras de reciclarse laboralmente hablando —cursos superiores, doctorados…—; la informática estará a la orden del día.

Los tránsitos de Marte, regente de la Casa 6 del trabajo diario y la salud, serán muy favorables. Los periodos más propicios serán: a mediados de abril, durante casi todo el mes de julio y desde el 4 de octubre hasta mediados de noviembre. En esa fecha Marte atravesará Escorpio, y los nacidos el 16 y 17 de noviembre lo tendrán en el signo para el año 2009; en cambio, los nacidos en los primeros días de noviembre lo tendrán en buena disposición con Júpiter, Saturno y Urano.

La lunación de finales de noviembre en la Casa 2, conjunta con Marte, será un buen augurio para mejorar la economía familiar; se podrá cumplir con determinadas obligaciones financieras y solventar pagos y atrasos.

Vida amorosa: los buenos momentos serán muchos

El tránsito de Saturno por la Casa 11 de los grupos, opuesta a la Casa 5 de los amores, indicará un acercamiento más sostenido de los amigos, con los que los Escorpio tendrán intereses comunes; además, será el periodo adecuado para vivir momentos románticos e íntimos con la pareja.

La presencia de Urano en la Casa 5 continuará con la atracción por las nuevas experiencias y sensaciones; los Escorpio harán nuevas amistades en los viajes que realicen a lo largo del año.

El eclipse del 7 de febrero en el sector aportará posibilidades interesantes sentimentalmente hablando, especialmente en la última semana del mes, cuando Mercurio, Venus y Urano se aliarán con Marte. Las relaciones se llevarán con fluidez y será el momento más adecuado para reconciliaciones, frecuentar otros ambientes y realizar unas pequeñas vacaciones amorosas.

Durante los meses de mayo y junio se dará una fuerte acentuación de la Casa 8 del erotismo, pero también se pondrán de manifiesto los cambios y diferencias que aparezcan en la propia relación.

A mediados del mes de septiembre, la fuerte concentración en Libra provocará que se encuentren allí Marte y Venus: serán días muy amorosos.

Este año, Venus pasará tempranero por el signo: del 24 de septiembre al 18 de octubre. A partir del 5 de octubre, Marte entrará en Escorpio e indicará aspectos positivos en la relación sentimental del momento.

Durante la primera semana de noviembre convendrá que los Escorpio vigilen muy de cerca su relación sentimental, ya que podrá producirse alguna complicación y falta de entendimiento con la pareja. Algún que otro Escorpio vivirá un desengaño amoroso del que tardará un tiempo en recuperarse.

Durante la última semana del año, el Sol conjuntará con Plutón y la Luna estará en Escorpio: será el momento ideal para una declaración de intenciones a la pareja.

Hogar y familia: problemas conocidos o anticipados

La Casa 4 del hogar y la familia estará muy activa a lo largo del invierno. El eclipse de febrero con Neptuno en el sector indicará problemas ligados al entorno, con la comunidad de vecinos…

La presencia de Júpiter, segundo regente de Piscis, que está en la Casa 3 del entorno, en buen ángulo con Urano, indicará la gravitación de los planetas en todo lo referente a la vivienda o asuntos familiares.

A pesar de todo, las decisiones relacionadas con el hogar, posibles mudanzas… serán positivas de cara al 2009. Durante el mes de septiembre las condiciones mejorarán.

Salud: protección

Las Casas 6 y 12 de la salud no conocerán tránsitos mayores, pero la presencia de Saturno en Virgo, Urano y Piscis, el eje de salud natural, si bien los tiene en buena disposición al signo, repercutirá de una u otra forma en la vida de los Escorpio.

A lo largo del mes de abril, cuando se active la Casa 6, podrán aparecer dolencias ligadas a la garganta, dientes y bronquios.

Desde la última semana de agosto hasta los primeros días de octubre, Marte atravesará Libra en la Casa 12: convendrá ahorrar energías y tratar de compensar el exceso de trabajo con salidas al campo y tareas gratificantes. Si los factores personales acompañan, será un buen momento para someterse a una pequeña intervención quirúrgica, tratamiento estético o revisión general.

Al ser Marte regente conjunto de las Casas 1 y 6, los buenos aspectos de este se verán reflejados en el aumento de energía y vitalidad de los Escorpio.

Los Escorpio más tocados por el mal ángulo de Neptuno no deberán infravalorar los síntomas que pudieran aparecer, ya que todo tiene un porqué.

Lunaciones y entrada del Sol en los signos en el año 2008 para Escorpio

	Luna nueva		Luna llena	
C. 3			24/12	1 Cáncer
	8/1	17 Capricornio		
C. 4	20/1	Sol en Acuario		
			22/1	1 Leo
	7/2	17 Acuario (Eclipse parcial)		
C. 5	19/2	Sol en Piscis		
			21/2	1 Virgo (Eclipse total)
	7/3	17 Piscis (Eclipse total)		

Pronóstico general
hasta el año 2020

Con el 2001 entramos en un siglo fabuloso. Según vayan transcurriendo los años, tendremos la sensación de estar entrando en la tan anhelada era de Acuario en muchos aspectos, lo cual no sucederá sin embargo hasta el próximo siglo (es decir, el siglo XXII). De hecho, hasta ese momento no podremos dar por concluida la era anterior, una era de más de 2.000 años, y sin duda la noticia tendrá alcance mundial. Será el corolario de una nueva forma de religiosidad.

No aportamos nada nuevo al decir que los cambios más importantes que se experimentarán en estos años vendrán de la mano de los medios de comunicación y del transporte. La «sociedad de la información» a la que todo esto da lugar no ha hecho nada más que comenzar, y subyacerá a cualquier otro adjetivo. El maxiciclo que toca a los grandes procesos que ha habido en la civilización, el de Neptuno-Plutón desde el Renacimiento, tendrá lugar ahora durante miles de años en Géminis, signo que da la tónica a los otros ciclos planetarios con que los astrólogos, desde siempre, miran la historia.

La esperanza que siempre hemos albergado de viajar en algún momento lejos de nuestro planeta azul será ahora casi certera. Los objetivos con los que se plantearán estas salidas serán diversos, pues, a pesar de todo esto y de los mitos y paradigmas de unidad y fraternidad mundial de los próximos 2.000 años, el corazón del hombre no cambiará; sin embargo, sí puede verse exigido a adaptar su manera de ser y su comportamiento a todo un entorno estelar lleno de enigmas.

El siguiente paso será hacer lo mismo con el vecindario, el entero planeta. Si repasamos la historia, parece que todo conduce a ello. El concepto de entorno cambia: no lo dominaremos totalmente, pero es tentador asumirlo. La síntesis de los medios de comunicación será pasmosa, y toda la memoria o la actualidad del medio en el que a cada

155

uno le haya tocado vivir la podrá llevar prácticamente en la muñeca, como antes se llevaba el reloj. Sin embargo, se acentuará también el individualismo, y el hombre se convertirá en un ser solitario, aunque no descuide tampoco su obligada participación en el grupo. Con todo esto, la familia y la pareja podrán evolucionar en dos sentidos opuestos: o se revalorizarán, o todo lo contrario.

Para que la curiosidad de Géminis —que equivale al joven adolescente en el plano estelar— se dé sin trabas para desarrollar el cuerpo mental —que es la etapa que se tendrá que alcanzar en el nivel evolutivo según todas las tradiciones esotéricas— quizá resulte cada vez más necesaria la unidad mundial, independientemente de la diversidad entre países, regiones, etc. Se movilizará mucha energía en el intento de conseguir este fin, y se saltarán las barreras estructurales allí donde estas impidan la consecución del objetivo.

Por tanto, se ve reforzado y acentuado, tanto en el plano personal como en el colectivo, en este largo periodo de tránsito a la nueva era, un atributo de Piscis (signo de la era saliente): el navegar entre dos aguas mezcladas, entre un tipo de mundo que se va, más parroquiano y predecible, y otro que viene, lleno de incertidumbre y expectativas. Neptuno, en este signo desde el año 2011 hasta el 2026, hará aflorar la síntesis de lo positivo y de lo negativo de estos 2.000 años anteriores, produciendo extrañas reacciones que incluyen mesianismos de uno y otro signo, cada cual más extravagante.

Lo fabuloso del siglo no serán tanto las prodigiosas novedades científicas anunciadoras de Acuario (que en este periodo en concreto tocarán el ámbito médico y de la sanidad, debido a los sucesivos tránsitos de Neptuno y anteriormente de Urano en Piscis, del año 2004 al año 2010), ya que estas novedades no serán más que una extensión cuantitativa de los inventos que venían produciéndose desde 1890 (una transformación similar a la del Renacimiento), sino que realmente estará en el nuevo *statu-quo* mundial que se producirá hacia el año 2060, y que probablemente vendrá dado por la transición en los Estados Unidos a un tipo de sistema más acorde con su potencial y su rango, y también por la integración de las Américas, que se irá acelerando hasta alcanzar un carácter formal. Mientras tanto, la Europa atlántica tendrá un papel muy importante en todo el continente, exactamente el que le corresponde de acuerdo a la fase de su desarrollo como civilización.

Estas nuevas reglas de juego permitirán que participe un mayor número de gente en la mutación y en los beneficios de los adelantos; se delinearán mejor las áreas en las cuales las nuevas formulaciones tendrán más efecto y continuidad, ya que es evidente que si algo resalta sin que parezca que tenga arreglo, con el advenimiento de estos progresos a finales del siglo XX, es la desigualdad generalizada.

Existe la posibilidad de que surja o tome una forma más acusada y operativa a nivel mundial una clase social intermedia, de corte parecido a la actual y que se adhiera a los mismos valores a pesar de las diferencias. Pero antes de esto, los problemas serán otros.

Haciendo un cotejo de ciclos planetarios en expansión y de los que se hallan en fase recesiva, se podrá observar que estos primeros veinte años presentarán los ciclos de los planetas mayores en que intervienen Urano, Neptuno y Plutón (de tendencia más civilizatoria) en alza muy notoria, y aunque en algunos momentos atraviesen fases críticas, la humanidad puede ver garantizado en ellos un gran salto cualitativo que, por su magnitud, tiene un precio equivalente.

Son los posteriores contactos con esos planetas transpersonales de Júpiter y Saturno, los planetas más evidentes para la regulación social, económica y política (es decir, los aspectos que tocan el día a día humano), los que harán ir a la baja a la humanidad en el año 2020, con el índice de caída más pronunciado que se haya visto nunca en los siglos XIX y XX, para después remontar.

Este declive comienza ya desde la conjunción de Júpiter con Saturno en el año 2000 en Tauro, cita que renuevan cada veinte años.

Desde el año 2000 hasta el año 2003, Júpiter y Saturno, siguiendo en fase de conjunción en Géminis, comenzarán también ciclos a la baja con Plutón en Sagitario, por un lado indicando que se llega a un clima de mucha tensión en distintos temas (problemas raciales, religiosos, ligados a la inmigración y minorías, terrorismo, sida, catástrofes naturales, petróleo y derivados, así como nuevas leyes de tráfico y transportes) y, por otro lado, y no menos preocupante, señalando los primeros afectados de este ciclo de tanto peso en la historia humana.

Los años 2004 y 2005 serán años de desilusiones colectivas debido a los malos aspectos de los dos planetas con Neptuno en Acuario. Comenzará a notarse, independientemente de cómo le vaya a cada uno o de cómo se lo tome, que algo falla en la nueva andadura, produciendo un efecto dominó con consecuencias difíciles de remontar.

La mayor parte de los síntomas están ya presentes y no siempre se dan justo en este momento, debido a que los ingredientes se suelen ir preparando unos cinco años antes de cada conjunción, para luego afianzarse una vez que esta ha tenido lugar (esto también se produce así en el plano individual).

Este futurible materializable a los cuatro o a los cinco años creará un temor (muchas veces inconsciente), un interrogante en todo lo que se inicie o reestructure en este comienzo del siglo, ya que la seguridad que pudieran dar Júpiter-Saturno en Tauro (tanto en las costumbres como en la forma de encarar la subsistencia o en la política) se ve amenazada por la mala influencia de Urano en Acuario cuando iniciaron el ciclo, indicando que las amenazas pueden venir de cualquier parte.

Por darse en signos fijos, no será fácil cambiar los atavismos, y esto puede llevar a mucha gente, como es de suponer, a asumir talantes fatalistas o a cuestionarse las formas de progreso, actualizándose de esta manera el mito de Saturno castrando a Urano.

Esto preanuncia otro punto crítico pero de más contundencia, que se dará hacia la oposición de Júpiter-Saturno, en el año 2009-2010, en la que se verán envueltos con Urano entrando en Aries y Plutón entrando en Capricornio, donde permanecerá el resto del ciclo, exactamente hasta el año 2023, no sin antes darse también esa oposición con los mismos planetas en los finales de los signos mutables (Virgo-Piscis-Sagitario). Además, la exacta oposición se dará tres veces, lo cual no es en absoluto habitual.

La mayor parte de los horóscopos de países, tratados, etc., se verán afectados. Será más fácil violar compromisos internacionales que formalizarlos o mantenerlos, y la diplomacia podrá hacer poco. Al estar ligados los signos cardinales se prevén grandes convulsiones y estados generalizados de emergencia. Los poderes establecidos en diversos lugares contarán con la competencia de auténticos poderes paralelos, insumisos a los primeros, porque uno de los efectos de la macroeconomía generada desde la mitad de los noventa y reforzada por la conjunción en Tauro (que la erige como valor supremo durante los siguientes cuarenta años, al alterar el mapa productivo, condicionarlo y producir nuevas fronteras tan cambiantes como él) hará que la política de cualquier corte sea mayormente inviable.

Pero también puede alcanzar a fronteras reales entre países, que verán en la confrontación una salida a sus problemas internos, sin que falten a la cita grandes trastornos climáticos o del suelo, el agravamiento de la sequía y el problema del agua y de la contaminación marina.

El último cuarto, el quinquenio que va del año 2015 al 2020, es el más delicado en todos los aspectos, particularmente entre los países de Oriente —excluida China, que seguirá con la revolución más grande de la historia de la humanidad— y los surgidos desde el ciclo descolonizador Urano-Plutón desde 1965.

Como consecuencia de todo esto, se irá abriendo paso un cambio radical en la economía, pero hasta el año 2040, con la otra conjunción

	Luna nueva		**Luna llena**	
C. 6	20/3	Sol en Aries	21/3	1 Libra
	6/4	16 Aries		
C. 7	19/4	Sol en Tauro	20/4	0 Escorpio
	5/5	15 Tauro	20/5	29 Escorpio
C. 8	20/5	Sol en Géminis	18/6	27 Sagitario
	3/6	13 Géminis		
C. 9	21/6	Sol en Cáncer	18/7	26 Capricornio
	3/7	11 Cáncer		
C. 10	22/7	Sol en Leo		
	1/8	9 Leo (Eclipse total)	16/8	24 Acuario (Eclipse parcial)
C. 11	22/8	Sol en Virgo		
	30/8	7 Virgo	15/9	22 Piscis
C. 12	22/9	Sol en Libra		
	29/9	6 Libra	14/10	21 Aries
C. 1	23/10	Sol en Escorpio		
	28/10	5 Escorpio	13/11	21 Tauro
C. 2	21/11	Sol en Sagitario		
	27/11	5 Sagitario	12/12	21 Géminis
C. 3	21/12	Sol en Capricornio		
	27/12	6 Capricornio		

de Júpiter-Saturno en Acuario, no llegará el momento en que la situación se empezará a reenderezar y a mejorar un poco, aunque quizá desde un retroceso o deterioro notorios.

Poniéndose en la perspectiva de mediados del siglo XXI, los primeros veinte años quizá se vean como una especie de agujero negro por el que pasó la humanidad, un toque de atención para no repetir nunca más errores cometidos tanto en lo que se refiere a las relaciones humanas como en lo que toca a la economía, los recursos o el equilibrio del planeta.

No es la primera vez que esto sucede, pero sí será la primera vez que suceda a un nivel realmente planetario.

www.ingramcontent.com/pod-product-compliance
Lightning Source LLC
Chambersburg PA
CBHW071345090426
42738CB00012B/3022